HERÓIS DA IGREJA

HERÓIS DA IGREJA

Grandes nomes da história do cristianismo

VOLUME 1

A ERA PRIMITIVA

—

Editado por

AL TRUESDALE

Traduzido por Almiro Pisetta

Edição
Daniel Faria
Revisão
Natália Custódio
Produção e diagramação
Felipe Marques
Colaboração
Ana Luiza Ferreira
Capa
Maquinaria Studio

CIP-Brasil. Catalogação na publicação
Sindicato Nacional dos Editores de Livros, RJ

H48
v. 1

Heróis da igreja : grandes nomes da história do cristianismo :
a era primitiva, volume 1 / editado por Al Truesdale ;
traduzido por Almiro Pisetta. - 1. ed. - São Paulo : Mundo
Cristão, 2020.

    224 p. (Heróis da igreja ; 1)

    Tradução de: The book of saints : the early era
    ISBN 978-85-433-0494-6

    1. Teologia - História - Igreja primitiva, ca. 30-600.
2. Pais da igreja. 3. Pais apostólicos. I. Truesdale, Al.
II. Pisetta, Almiro. III. Série.

19-61595   CDD: 270.1
                         CDU: 27-9"00"

Publicado no Brasil com todos
os direitos reservados por:

Editora Mundo Cristão
Rua Antônio Carlos Tacconi, 69
São Paulo, SP, Brasil
CEP 04810-020
Telefone: (11) 2127-4147
www.mundocristao.com.br

Categoria: Espiritualidade
1ª edição: março de 2020
Impressão digital sob demanda

SUMÁRIO

INTRODUÇÃO

Uma consequência nada auspiciosa de nossa sociedade excessivamente móvel é que, não raro, não sabemos quem são nossos parentes, os atuais e os do passado. Crianças crescem tendo pouco contato com tias, tios, primos e avós. Amigos são essenciais, mas somente a família pode nos ensinar como nossa vida está assentada em narrativas intrigantes e únicas. Só ela sabe dizer como nossos tataravós conseguiram chegar à Califórnia fugindo das tempestades de areia que assolavam as pradarias americanas no início do século 20, ou como nossos corajosos pais bateram em fuga no fim da Guerra do Vietnã levando consigo apenas a roupa do corpo.

Meu irmão e eu crescemos sabendo que a escolarização formal de nosso pai terminou no quarto ano primário. Mais tarde, descobrimos que, aos 12 anos, depois da morte da mãe, ele se tornou efetivamente órfão, sendo rejeitado até mesmo pela irmã de sua mãe. Apesar disso, ele aprendeu uma profissão que lhe permitiu sustentar a família. Ouvir a segunda parte da história aumentou nossa admiração pelo nosso pai e teve um impacto em nosso zelo e em nosso entendimento de nós mesmos.

O que se aplica a famílias individuais também se aplica à família cristã: nossos pais e mães, nossos irmãos e irmãs em Cristo. Podemos nos enriquecer e nos fortalecer ao aprender daquela "grande multidão de testemunhas" (Hb 12.1) que combateu antes de nós "o bom combate" da fé (2Tm 4.7). Que legado a transmitir! Tendo ouvido as histórias deles, nós saímos dizendo: "Incrível! E eu não sabia disso".

A finalidade deste livro é colocar-nos aos pés de alguns dos pais da igreja primitiva que viveram logo depois dos apóstolos e antes do primeiro concílio ecumênico (geral) da igreja em Niceia (325 d.C.). Essa era costuma ser referida como o período "sub-apostólico". Os primeiros pais antenicenos são

chamados pais apostólicos por aquilo que a tradição alegou
acerca do relacionamento deles com os apóstolos. O segundo
grupo é conhecido como apologistas. Eles apresentaram defesas circunstanciadas da fé cristã a uma plateia greco-romana.
Depois disso nós nos voltamos para os pais associados à igreja
na Alexandria, no Egito e, em seguida, aos pais da igreja do
Ocidente, isto é, a Gália, Roma e o Norte da África. Por fim,
dois pais orientais, Gregório de Neocesareia (séc. 3) e Metódio
(final do séc. 3 e início do séc. 4) nos instruirão.

Todos os pais antenicenos enfrentaram a ameaça da perseguição oficial romana. Alguns deles tornaram-se mártires.
A perseguição da jovem fé provinha de todas as partes. Uma
delas, promovida pelo Estado, variava em intensidade, duração
e abrangência geográfica. Havia períodos de relativa calma.
Aproximadamente dez períodos de perseguição aconteceram
antes que o Edito de Milão (313 a.C.) equiparasse o cristianismo com outras religiões. A perseguição não oficial provinha
do povo romano. Os cristãos eram considerados inimigos da
coesão social e do bem-estar do Império porque se recusavam
a participar das práticas religiosas pagãs que pululavam na cultura greco-romana. A religião pagã em todas as suas formas
admitidas defendia a supremacia do Império e reconhecia o
imperador como senhor e salvador. Os cristãos eram acusados
de tudo, da amotinação à perpetração de atos lascivos durante
seus cultos religiosos, de responsabilidade pelas crises de fome
e pelas derrotas militares, e do canibalismo ao ateísmo.

Alguns pais antenicenos não serão abordados porque seus
escritos não se prestam a leituras devocionais. Um breve esboço
biográfico precede os textos selecionados de cada pai da igreja.
Uma oração (muitas vezes um hino) e referências bíblicas* para
reflexão acompanham cada leitura. Em muitos casos, foi necessário parafrasear as traduções em domínio público.

À medida que valores que identificam nosso tempo se tornam
cada vez mais claramente pagãos, e à medida que a "memória"

---

* Referências bíblicas em negrito identificam versículos bíblicos citados ou parafra-
seados nos excertos selecionados e nas orações.

cristã se perde na praça pública (e às vezes até mesmo na igreja), beber nas ricas fontes do cristianismo apostólico torna-se cada vez mais útil. Como levar uma vida santa num mundo pagão é um fio dourado que perpassa os escritos dos pais da igreja.

OS PAIS APOSTÓLICOS

O título "pais apostólicos" é atribuído aos escritos cristãos primitivos que aparecem depois do Novo Testamento. A partir do século 17, seus autores receberam essa denominação porque teriam conhecido os apóstolos pessoalmente. Em alguns casos, isso pode ter de fato acontecido. Com o passar do tempo, em razão do modo de classificação do material pelos estudiosos, o número desses pais foi crescendo, de cinco para oito. Há discordância sobre como classificar a *Epístola a Diogneto*. Com exceção de *Diogneto*, as obras dos pais apostólicos são endereçadas a outros cristãos. Em alguns casos, só conhecemos o nome do documento. Alguns escritos dos pais apostólicos são claramente benéficos para edificação, enquanto outros são considerados menos aptos para isso.

CLEMENTE DE ROMA

No pai apostólico conhecido como Clemente de Roma (c. 30–100 d.C.), encontramos alguém marcado pelo espírito dos apóstolos. Ele tinha um entendimento lúcido do evangelho, um amor a Deus e à igreja e uma paixão pela ordem e harmonia no corpo de Cristo. É provável que Clemente tenha conhecido o apóstolo Paulo. Ao que parece, ele esteve em Filipos (c. 57 d.C.) quando Paulo passou por lá. Juntamente com mulheres devotas e outras pessoas, esteve entre os que, segundo Paulo, "trabalharam arduamente comigo na propagação das boas-novas" (Fp 4.3).

Clemente foi colega presbítero ou clérigo com Lino e Cleto na igreja de Roma. Depois da morte desses dois irmãos, que provavelmente sofreram o martírio sob o imperador Nero (c. 64–67 d.C.), Clemente tornou-se bispo de Roma. Durante a parte final de sua vida, a igreja de Corinto foi infestada por conflitos internos. Irrompeu uma rebelião de alguns membros jovens contra o bispo (pastor). "Algumas pessoas impetuosas e autoconfiantes" haviam provocado "um surto de loucura" (Clemente, *Primeira epístola aos coríntios*, cap. 1). A confusão estava subvertendo a fé em muitos, desencorajando outros, dando ensejo à dúvida e, de modo geral, provocando sofrimento.

Em nome da igreja de Roma, Clemente escreveu uma carta (c. 96 d.C.) aos coríntios. Essa carta é conhecida como *1Clemente* e também como *Primeira epístola de Clemente aos coríntios*. É uma carta enviada de uma igreja para outra. Seu tom e a condição da igreja de Corinto nos lembram problemas que Paulo enfrentou décadas antes. Aliás, Clemente pede aos coríntios que "tomem a carta do bem-aventurado apóstolo Paulo" (cap 47). A exemplo de Paulo, Clemente faz um apelo à unidade, à paz e à justiça na igreja de Cristo. O tom é amistoso e comendatício, mas também firme em seu chamado à reforma e correção. Clemente diz à congregação que a vida cristã deve ser conduzida com temor reverente perante o Senhor. Suas instruções se baseiam fortemente nas Escrituras. A carta foi muito estimada na igreja primitiva por sua sólida doutrina. Uma segunda epístola aos coríntios leva o nome de Clemente, mas não é considerada autêntica.

1

Prestemos obediência à excelente e gloriosa vontade de Deus; e, implorando sua misericórdia e amorosa bondade, deixando de lado todas as inúteis lidas, discussões e invejas que conduzem à morte, convertamo-nos e busquemos o auxílio de sua compaixão. Sigamos firmemente aqueles que serviram com perfeição à sua glória magnífica. Tomemos Enoque, por exemplo, que, tendo-se mostrado justo por sua obediência, foi arrebatado aos céus; nunca se soube que ele tenha provado a morte. Noé, julgado fiel, pregou a regeneração ao mundo, e por intermédio dele o Senhor salvou os animais que, de comum acordo, entraram na arca.

CLEMENTE, *PRIMEIRA EPÍSTOLA AOS CORÍNTIOS*, CAP. 10

Ergue-nos, ó Deus, por tua graça. Dediquemo-nos a ti por intermédio de Jesus Cristo. Oramos pelos recém-convertidos, para que sejam fortalecidos na fé e para que todos os teus seguidores confortem uns aos outros. Santifica-nos, corpo e alma; concede-nos o favor de sermos purificados de toda impureza da carne e do espírito. Que obtenhamos as coisas boas que nos estão reservadas. Não consideres nenhum de nós indigno, mas sê tu nosso conforto, auxílio e proteção, por meio do teu Cristo, a quem sejam atribuídos, juntamente contigo e com o Espírito Santo, glória, honra, louvor, hinos e ação de graças, para todo o sempre. Amém.

LITURGIA CLEMENTINA (FINAL DO SÉC. 4),
EM *CONSTITUIÇÕES DOS SANTOS APÓSTOLOS*, LIVRO 8, SEÇÃO 2.13

PARA REFLETIR: Gn 5.21-24; 1Sm 12.19-25; 2Co 6.6; 7.1; Ef 4.7-16,25-32; Fp 4.4-8; Hb 11.1-38

Tendo diante de nós tantos grandes e gloriosos exemplos de humildade e piedosa submissão, entreguemo-nos de novo à prática daquela paz que desde o início nos foi proposta como meta. Fixemos o olhar no Pai e Criador do universo e mantenhamo-nos fiéis a seus poderosos e insuperavelmente grandes dons e benefícios da paz. Contemplemo-lo com nosso entendimento e vislumbremos com os olhos da alma seu longânimo propósito. Consideremos como ele não nutre ira alguma contra toda a sua criação.

CLEMENTE, *PRIMEIRA EPÍSTOLA AOS CORÍNTIOS*, CAP. 19

Senhor, não guardes em tua memória os pecados de teus servos e servas; antes, purifica-nos com a purificação da tua verdade; e dirige nossos passos para que caminhemos em santidade de coração e pratiquemos o que é bom e agradável aos teus olhos. Que sejamos submissos ao teu todo-poderoso e excelente nome. Amém.

CLEMENTE, *PRIMEIRA EPÍSTOLA AOS CORÍNTIOS*, CAP. 60, LIGHTFOOT

PARA REFLETIR: Dt 7.7-11; Ed 9.5-9; Sl 66.1-20; 95.1; Is 55.7-9; Ef 2.4-7; Hb 4.12-16; 12.1-3

Os céus, movimentando-se sob o comando de Deus, a ele pacificamente obedecem. O dia e a noite percorrem a rota por ele estabelecida, sem que em nada um atrapalhe o outro. O sol e a lua, tendo a companhia das estrelas, deslizam em harmonia seguindo seu comando dentro dos limites predeterminados, sem desvio algum. A frutífera terra, seguindo a vontade dele, produz alimento com fartura nas estações adequadas para os humanos e os animais e todos os seres vivos. Primavera, verão, outono e inverno, em paz as estações se alternam. Deus beneficia a todos, mas de modo mais abundante a nós que nos refugiamos em sua compaixão por meio de nosso Senhor Jesus Cristo, a quem sejam a glória e a majestade para todo o sempre. Amém.

CLEMENTE, *PRIMEIRA EPÍSTOLA AOS CORÍNTIOS*, CAP. 20

Ó Senhor, faz tua face brilhar sobre nós para sempre, em paz, para que sejamos protegidos por tua poderosa mão e salvos de todo pecado por teu braço levantado. Nós nos submetemos ao teu todo-poderoso e excelente nome. Amém.

CLEMENTE, *PRIMEIRA EPÍSTOLA AOS CORÍNTIOS*, CAP. 60, LIGHTFOOT

PARA REFLETIR: Jó 38.4-11; Sl 8.1-9; 19.1-4; 24.1-2; Is 40.12-17; Jr 10.12-16; Jo 1.1-19; Cl 1.15-20

◇◇◇◇◇◇ **4** ◇◇◇◇◇◇

Prestem atenção, amados, para que as múltiplas bondades divinas não se tornem a condenação de todos nós. Pois assim será se não levarmos uma vida digna dele e, de modo unânime, não praticarmos o que é bom e agradável a seus olhos. Tomemos consciência de como ele está perto, e de que nenhum dos pensamentos ou ideias que entretemos pode passar despercebido dele. Reverenciemos o Senhor Jesus Cristo, cujo sangue foi derramado por nós; estimemos aqueles que nos governam; honremos os mais velhos; eduquemos os jovens no temor de Deus. Que nossas crianças tenham uma educação cristã verdadeira; que aprendam o valor que Deus dá à humildade, o poder que o amor puro tem para ele, como é excelente e importante temê-lo e como isso significa a salvação dos que se conduzem com a mente pura. Pois Deus examina nossos pensamentos e desejos; seu sopro de vida está em nós. Quando lhe aprouver, ele pode retirá-lo.

CLEMENTE, PRIMEIRA EPÍSTOLA AOS CORÍNTIOS, CAP. 21

Ó Senhor, concede concórdia e paz a todos os que vivem neste mundo, assim como tu concedeste a nossos pais quando eles a ti recorreram em fé e verdade, submissos como nós a teu todo-poderoso e excelente nome. Amém.

CLEMENTE, PRIMEIRA EPÍSTOLA AOS CORÍNTIOS, CAP. 60, LIGHTFOOT

PARA REFLETIR: Dt 30.1-20; Is 61.8-11; Mq 6.6-8; Rm 6.1-23; Ef 4.17-32; 1Ts 5.12-13; Hb 13.17

Alimentando assim nossa esperança cristã, apeguemo-nos àquele que é fiel em suas promessas e justo em seus juízos. Aquele que nos manda evitar a mentira é absolutamente incapaz de mentir. Nada é impossível a Deus, exceto mentir. Reacendamos, portanto, a fé em Deus em nosso coração. Por meio de sua majestosa palavra ele constituiu o universo, e por meio de sua palavra pode fazê-lo chegar a seu fim. Ele fará tudo o que quiser, quando lhe aprouver, e nada do que ele decretou há de falhar. Tudo está exposto a seus olhos, e nada escapa à sua vontade.

CLEMENTE, *PRIMEIRA EPÍSTOLA AOS CORÍNTIOS*, CAP. 27

Deus Todo-poderoso e eterno, Senhor do mundo inteiro, Criador e Governador de todas as coisas, nós te pedimos a paz e um feliz acordo do mundo e das santas igrejas. Concede-nos a tua paz, que nunca pode ser subtraída. Preenche em nós as virtudes que a piedade exige. Oramos pelos nossos inimigos e pelos que nos odeiam. Oramos pelos que nos perseguem por causa do nome do Senhor, para que ele lhes pacifique os ânimos e lhes dissipe a raiva. Oramos pelos que ainda não são cristãos e pelos que se afastaram do caminho, para que o Senhor os converta. Oramos pelos infantes na fé, para que o Senhor aperfeiçoe neles seu temor e os conduza à maturidade completa. Oramos pelas irmãs e irmãos em Cristo, para que o Senhor nos guarde a todos e, por sua graça, nos preserve até o fim. Livra-nos, Senhor, do maligno, de todos os escândalos daqueles que praticam iniquidades. Preserva-nos para o teu reino celestial. Salva-nos, arrebata-nos, ó Deus, por tua misericórdia. Que nós entreguemos a nós e uns aos outros ao Deus vivo, por meio de Jesus Cristo. Amém.

LITURGIA CLEMENTINA (FINAL DO SÉC. 4), EM *CONSTITUIÇÕES DOS SANTOS APÓSTOLOS*, LIVRO 8, SEÇÃO 2 9,10

PARA REFLETIR: Sl 19.1-3; 31.1-15; 138.2; Is 51.6-8; Mt 24.35; Rm 8.18-39; 2Co 1.18-22; Tt 1.2; Hb 6.18; 10.22-37; 11.18-29

◇◇◇◇◇◇ **6** ◇◇◇◇◇◇

Sabendo, portanto, que pertencemos ao Santo, pratiquemos as coisas próprias da santidade, evitando toda calúnia, toda relação abominável e impura, e também toda embriaguez, toda suja luxúria, o detestável adultério e a desagradável arrogância. "Pois Deus", dizem as Escrituras, "se opõe aos orgulhosos, mas concede graça aos humildes." Apeguemo-nos, então, àqueles que receberam a graça de Deus. Revistamo-nos com a paz e a humildade, sempre exercendo o domínio próprio, mantendo-nos longe da tagarelice e da calúnia, tornando-nos conhecidos por nossas obras e não por nossas palavras. Que nosso louvor seja endereçado a Deus e não a nós mesmos, pois Deus rejeita quem se vangloria. Que os outros aplaudam nossas boas obras, como aconteceu com nossos justos antecessores. A presunção, a arrogância e a audácia são próprias daqueles que Deus amaldiçoa; mas a delicadeza, a humildade e a serenidade são próprias daqueles que Deus abençoa.

Nós, que fomos chamados pela vontade de Deus em Cristo Jesus, não somos justificados por nós mesmos, por nossa sabedoria e inteligência, ou por nossa devoção, ou pelas boas obras que de boa mente praticamos, mas sim pela fé mediante a qual, desde o início, o Deus Todo-poderoso justificou seu povo. A ele seja a glória para todo o sempre. Amém.

CLEMENTE, *PRIMEIRA EPÍSTOLA AOS CORÍNTIOS*, CAP. 30, 32

Nós te louvamos, nós te entoamos hinos, nós te bendizemos por tua imensa glória, ó Senhor, nosso Rei, o Pai de Cristo, o Cordeiro imaculado que tira o pecado do mundo. Tu mereces o louvor, tu mereces os hinos, tu mereces a glória, tu que és o Deus e Pai, por meio do Filho, no sumo Espírito Santo, para todo o sempre. Amém.

"ORAÇÕES DIÁRIAS", EM *CONSTITUIÇÕES DOS SANTOS APÓSTOLOS*,
LIVRO 7, SEÇÃO 5.48

PARA REFLETIR: Pv 3.34; Ef 1.4-14; 4.20-24; Fp 1.10-11; 2.15; 4.8; Cl 3.5-15; **Tg 4.6; 1Pe 5.5**

✦✦✦✦✦✦ **7** ✦✦✦✦✦✦

Apressemo-nos com a máxima energia e predisposição na prática de todas as boas obras. Pois o Criador e Senhor de tudo nelas se alegra. Com seu poder infinito ele constituiu os céus, e com sua insondável sabedoria os adornou. Ele também separou a terra das águas que a cercam e a fixou sobre fundações inabaláveis. Também os animais que vagam sobre a terra foi ele que, por meio de sua palavra, ordenou que existissem. Acima de tudo, com suas santas e puras mãos ele formou o homem, a mais marcante de suas criaturas. Os seres humanos são verdadeiramente notáveis por causa do entendimento que Deus lhes deu. São a semelhança expressa de sua vontade. Concluída a criação de todas as coisas, Deus as aprovou, abençoou e ordenou que fossem férteis e se multiplicassem. Vemos, então, como todos os justos foram adornados com boas obras e como o próprio Senhor, adornando-se com suas próprias obras, nelas se alegra. Tendo, portanto, esse exemplo, obedeçamos sem vacilar à sua vontade e concentremos nosso máximo esforço em agir corretamente.

CLEMENTE, *PRIMEIRA EPÍSTOLA AOS CORÍNTIOS*, CAP. 33

Inspira em nós, ó Deus e Senhor nosso, a fragrância da suavidade do teu amor; iluminadas são as almas pelo conhecimento da tua verdade; que assim nos tornemos dignos de receber a manifestação do teu Amado nos santos céus, onde nós te renderemos graças. Enquanto esperamos, nós te glorificaremos sem cessar em tua igreja, que está coroada e repleta de amparo e bênçãos. Tu és Senhor e Pai, Criador de tudo. Amém.

ADDAI E MARI, A LITURGIA DOS BENDITOS APÓSTOLOS (C. 150 D.C.)

PARA REFLETIR: Gn 1.26-28; Êx 20,1-17; Rm 12,1-21; Cl 3.5-17;
Ap 22.12-21

8

Amados, como são benditas e maravilhosas as dádivas de Deus! A vida com a imortalidade, o esplendor com a retidão, a verdade com a plena confiança, a fé com a certeza, o domínio próprio com a santidade. O que, então, será aquilo que está preparado para os que aguardam a vinda de Cristo? O Criador e Pai de tudo, o Santíssimo, só ele conhece a medida e beleza daquilo. Esforcemo-nos, então, para nos encontrarmos entre os que estão à sua espera, para podermos compartilhar as dádivas por ele prometidas. Como, amados, podemos conseguir isso? Isso conseguiremos se nossa mente se fixar em Deus pela fé; se buscarmos com determinação o que é de seu agrado e deleite; se o que fizermos estiver de acordo com sua pura vontade; se seguirmos no caminho da verdade, livrando-nos de toda injustiça e iniquidade, juntamente com toda cobiça, discórdia, perversão, fraude, tagarelice e calúnia, todo ódio contra Deus, todo orgulho e soberba, e toda vanglória e ambição pecaminosa.

Clemente, *Primeira epístola aos coríntios*, cap. 35

Ilumina, ó Deus e Senhor nosso, nossa meditação para que ouçamos e entendamos tuas vivificantes e divinas ordens nas Epístolas. Concede-nos por tua graça colher nelas a certeza do teu amor, a esperança e a salvação adequadas para a alma e o corpo. Cantaremos para ti glória eterna sem cessar, ó Senhor de tudo. Amém.

Addai e Mari, A liturgia dos benditos apóstolos (c. 150 d.C.)

PARA REFLETIR: Sl 27.1-5; 31.1-3; Rm 12.1-2; Ef 4.17-32; Hb 10.32-39; 12.29; 1Pe 1.3-21

Quem ama Cristo guarda seus mandamentos. Quem pode descrever o abençoado vínculo do amor de Deus? Quem é capaz de expressar devidamente sua excelente beleza? A altura a que o amor eleva é inefável. O amor nos une a Deus. O amor cobre uma multidão de pecados. O amor tudo suporta, é paciente em tudo. Não há nada desprezível, nada arrogante, no amor. O amor não admite nenhuma divisão; o amor não causa nenhuma sedição; o amor tudo faz em harmonia. Pelo amor de Deus todos os seus escolhidos foram aperfeiçoados; sem amor nada é do agrado de Deus. No amor Deus nos reuniu em torno de si. Pelo amor que teve por nós, Jesus Cristo, nosso Senhor, derramou seu sangue pela vontade do Pai; seu corpo pelo nosso corpo e seu sangue pela nossa alma.

Clemente, Primeira epístola aos coríntios, cap. 49

Em paz supliquemos ao Senhor. Pela paz que vem do alto, pelo amor de Deus à humanidade e pela salvação de nossa alma, supliquemos ao Senhor. Pela paz do mundo inteiro e pela unidade de todas as santas igrejas de Deus, supliquemos ao Senhor. Pela remissão de nossos pecados e pelo perdão de nossas transgressões, pela nossa libertação de toda tribulação, ira, perigo, angústia e insurreição de nossos inimigos, supliquemos ao Senhor. Amém.

A divina liturgia do santo apóstolo Tiago (c. 150–200 d.C.)

PARA REFLETIR· Mt 5.43-48; 19.16-22; Jo 17.1-26; 1Co 13.1-13; 14.1; Hb 13.1-22; Tg 1.27; 5.20; 1Pe 4.8; 1Jo 4.7-21

Percebam, amados, como é grande e maravilhoso o amor e como sua perfeição é indescritível. Quem é digno desse amor, a não ser os que foram privilegiados por Deus? Oremos, então, e supliquemos a ele que, em sua misericórdia, nos conceda amar de forma irrepreensível, sem parcialidade humana por uma pessoa em detrimento de outra. Todas as gerações de Adão até hoje passaram; mas aqueles que, pela graça de Deus, foram aperfeiçoados no amor têm agora lugar entre os santos que aparecerão quando o reino de Cristo se consumar. Felizes somos nós, amados, se observarmos os mandamentos do reino de Deus na harmonia do amor, de modo que pelo amor nossos pecados sejam perdoados. Pois está escrito: "Como é feliz aquele cuja obediência é perdoada, cujo pecado é coberto!". A bênção se destina àqueles que Deus escolheu por meio de Jesus Cristo, nosso Senhor. A ele seja a glória para todo o sempre. Amém.

CLEMENTE, *PRIMEIRA EPÍSTOLA AOS CORÍNTIOS*, CAP. 50

Que Deus, que vê todas as coisas e que é Soberano de todos os espíritos e Senhor de toda a humanidade, que escolheu nosso Senhor Jesus Cristo e nele também nos escolheu para sermos um povo singular, conceda a cada alma que invoque seu glorioso e santo nome fé, temor, paz, paciência, longanimidade, domínio próprio, pureza e sobriedade para o agrado de seu nome, por meio de nosso Sumo Sacerdote e Protetor, Jesus Cristo, por meio de quem a ele sejam a glória, a majestade, o poder e a honra, agora e para todo o sempre. Amém.

CLEMENTE, *PRIMEIRA EPÍSTOLA AOS CORÍNTIOS*, CAP. 58

PARA REFLETIR: Sl 32.1-2; Is 26.20; Lc 10.25-37; Ef 5.21-33; 1Ts 5.8-14; Hb 13.1-6; 1Jo 3.11-24

A DOUTRINA DOS DOZE APÓSTOLOS (DIDAQUÊ)

A *Doutrina dos doze apóstolos*, obra também conhecida como *Didaquê* (do grego *didachē*, "ensino"), é um dos primeiros escritos cristãos não incluídos no Novo Testamento. Seu título antigo era *Doutrina do Senhor mediante os doze apóstolos para as nações*. A *Didaquê* foi citada ou mencionada por muitos autores da fase inicial do cristianismo, como Clemente de Alexandria, Orígenes, Atanásio e o historiador da igreja Eusébio. Alguns pais apostólicos até a consideraram inspirada e integrante do Novo Testamento. A *Didaquê* em seu formato final é resultado da combinação de fontes que não são possíveis de identificar com precisão. Ela reflete a vida na igreja, talvez desde 70 d.C., e provavelmente alcançou seu formato final por volta de 150 d.C.

Os dezesseis capítulos dividem-se em três partes. (Os estudiosos divergem sobre esse número.) A primeira parte (1—5) contém ensinamentos sobre os "dois caminhos". Um "caminho" conduz à vida, e o outro à morte. Essa seção da *Didaquê* consta em outros escritos dos primórdios cristãos e, acredita-se, existia então de forma independente. Resume a vida cristã e, ao que parece, destinava-se aos catecúmenos (pessoas que se preparavam para o batismo). A segunda parte (6—14) é um manual de instruções sobre a ordem e a prática da igreja. Contém advertências sobre falsos mestres, instruções para o batismo, o jejum, a Oração do Senhor e preces para a refeição comunitária, cuja natureza precisa não está clara. Os capítulos 9 e 10 descrevem uma refeição na qual os comungantes "comem à vontade", ao passo que o capítulo 14 fala de uma refeição que ocorre no Dia do Senhor e é considerada um "sacrifício". A terceira parte (15—16) é um manual de instruções sobre ofícios e posições dos líderes da igreja. Termina com um apelo à vigilância e à preparação para o retorno do Senhor.

Há dois caminhos: um de vida, outro de morte, mas entre os dois há uma grande diferença. Ora, este é o caminho da vida: primeiro, você deve amar a Deus, que o criou; segundo, amar o próximo como a si mesmo e não fazer contra outros o que não quer que façam contra você. O que esses princípios nos ensinam é isto: abençoe quem o amaldiçoa, ore por seus inimigos e jejue por quem o persegue. Pois que mérito tem se amar aqueles que o amam? Acaso os gentios não fazem isso? Ame, porém, quem o odeia, e assim não terá inimigos. Abstenha-se de paixões carnais e mundanas. Se alguém o ferir na face direita, ofereça-lhe também a outra face, e você será perfeito. Se alguém o forçar a caminhar uma milha, vá com ele duas. Se alguém lhe roubar a túnica, dê-lhe também sua capa. Se alguém tirar sua propriedade, não a peça de volta, pois de fato você não se sairia bem. Dê a todo aquele que lhe pedir, e não lhe exija que o devolva; pois o Pai quer que todas as nossas bênçãos sejam divididas por espontânea vontade. Feliz é quem dá como lhe ordenam os mandamentos, pois é inocente. Mas ai de quem recebe sem estar necessitado! Quem recebe por estar necessitado é inocente; mas quem recebe sem estar necessitado pagará sua pena.

DIDAQUÊ, CAP. I

Verdadeiramente é digno e justo, adequado e devido, louvar-te, cantar-te, bendizer-te, adorar-te, glorificar-te e render-te graças, ó Criador de todas as coisas, Tesouro de bondades eternas, Fonte de vida e imortalidade, Deus e Senhor de todos. Amém.

A DIVINA LITURGIA DO SANTO APÓSTOLO TIAGO (C. 150–200 D.C.)

PARA REFLETIR: Lv 26.1-46; Dt 5.1-33; Pv 23.27-32; Is 33.15-17; Ez 18.21-24; Mt 5.13-48; Fp 3.7-16

Eis o segundo mandamento da doutrina: não mate, não cometa adultério, não corrompa meninos, não cometa fornicação, não furte, não pratique magia, não se envolva em bruxaria, não assassine uma criança pelo aborto, nem mate um recém-nascido. Não cobice os bens do próximo, não cometa perjúrio, não dê falso testemunho, não calunie, não alimente ressentimentos. Não seja mentalmente inconstante nem dissimulado, pois a língua falsa é armadilha mortal. Não sejam suas palavras desonestas ou vazias, mas sim confirmadas pela ação. Não seja ganancioso, extorsivo, hipócrita, malicioso ou arrogante. Não trame contra o próximo. Não odeie ninguém, mas reprove alguns, ore por outros e ame ainda outros mais que a sua própria vida.

Didaquê, cap. 2

Verdadeiramente é digno e justo, adequado e devido, louvar a ti que és louvado pelos céus e por todas as hostes celestiais; o sol, a lua e todos os coros de estrelas; a terra, o mar e tudo que neles existe; Jerusalém, a assembleia celestial, e a igreja dos primogênitos cujos nomes estão escritos no céu; os espíritos dos justos e dos profetas; as almas dos mártires e dos apóstolos; os anjos, arcanjos, tronos, domínios, principados, autoridades e poderes do terror; os querubins de muitos olhos e os serafins de seis asas, que entoam alto o hino vitorioso de tua majestosa glória, bradando, louvando, gritando e dizendo: "Santo, santo, santo, Senhor do universo! O céu e a terra estão repletos de tua glória. Hosana nas alturas; bendito o que vem no nome do Senhor. Hosana nas alturas". Amém.

A divina liturgia do santo apóstolo Tiago (c. 150–200 d.C.)

PARA REFLETIR: Lv 11.44-45; Sl 24.3-5; Is 35.3-10; Cl 3.5-17; Tt 1.10-16; Tg 1.20; 5.1-11; Jd 1.1-23

◇◇◇◇◇◇◇ **13** ◇◇◇◇◇◇◇

Meu filho, fuja de toda malícia e de todas as coisas dessa espécie. Não seja irritável, pois a ira leva ao assassinato. Não seja ciumento, contencioso ou impetuoso, pois tudo isso gera o assassinato. Meu filho, não seja lascivo, pois a lascívia leva ao adultério. Não faça uso de linguagem suja ou maliciosa, pois tudo isso gera o adultério. Meu filho, não seja mentiroso, pois a mentira leva ao furto. Não seja avaro ou vaidoso, pois tudo isso gera o roubo. Meu filho, não seja um resmungão, pois o resmungar leva à blasfêmia. Não seja egocêntrico ou malvado, pois tudo isso gera a blasfêmia. Pelo contrário, seja humilde, pois os humildes herdarão a terra. Seja paciente, misericordioso, sincero, gentil e bom. Não se dê ares de superioridade e não se entregue à presunção. Não ande com os grandes e poderosos, mas sim com os justos e humildes.

Didaquê, cap. 3

Nós te agradecemos, Pai Santo, por teu santo nome, que tu fizeste habitar nosso coração, e pelo conhecimento, fé e imortalidade que nos deste a conhecer por meio de Jesus, teu Servo. A ti seja a glória para todo o sempre. Amém.

Didaquê, cap. 10

PARA REFLETIR: Pv 11.2-8; Os 10.12; Mt 5.1-16; Jo 14.21-24; 15.4-12; Rm 15.1-18

Não anseie pela divisão; antes, reconcilie os que se desentenderam. Julgue com justiça e não privilegie ninguém ao reprovar transgressões. Não seja alguém que estende a mão para receber, mas a fecha quando se trata de dar. Não vire as costas aos necessitados; antes, compartilhe tudo com seu irmão ou irmã, e não rotule coisa alguma como propriedade sua. Pois, se você compartilha o que é eterno, com muito mais motivo deve compartilhar o que é transitório. Ensine a seu filho ou filha a temer a Deus desde a infância. Não abandone de maneira nenhuma os mandamentos do Senhor, mas observe os que recebeu, nada acrescentando e nada subtraindo. Nas reuniões da igreja, confesse seus pecados, e não se apresentará para a oração com a consciência pesada. Esse é o caminho da vida.

Didaquê, cap. 4

Ó Senhor Todo-poderoso e Altíssimo, que moras nos altos céus, tu és o Santo que descansa entre os santos, eterno, o único Rei, que por meio de Cristo nos deste a conhecer o evangelho. Reconhecemos tua glória e teu nome, revelado por Cristo para nosso entendimento. Digna-te agora, por intermédio de Cristo, voltar para nós teu olhar e libertar-nos de toda ignorância e prática perversa. Concede-nos que temamos a ti com sinceridade, que te amemos com afeição e que reverenciemos devidamente tua glória. Sê benevolente e misericordioso conosco, e ouve-nos quando oramos. Preserva-nos para que sejamos firmes, irrepreensíveis e sem mancha, a fim de sermos santos de corpo e alma, sem nódoa ou ruga ou qualquer outra coisa semelhante, e sejamos, assim, completos em ti. Amém.

Liturgia clementina (final do séc. 4), em *Constituições dos santos apóstolos*, livro 8, seção 2.11

PARA REFLETIR: Am 8.4-10; Mq 6.6-8; Mt 5.21—7.27; Jo 17.1-26; Rm 14.17-19; Ef 4.1-7; Tg 1.2—2.26; 3.13-18; 1Jo 3.11-22

Este é o caminho da morte: em primeiro lugar, ele é perverso e maldito, pois inclui assassinatos, adultérios, atos lascivos, fornicações, furtos, idolatria, artes mágicas, bruxaria, estupros, falso testemunho, hipocrisia, duplicidade, engano, insolência, depravação, obstinação, ganância, conversa torpe, ciúme, arrogância, ostentação; inclui aqueles que perseguem gente honesta, que odeiam a verdade, que amam a mentira, que ignoram a recompensa da retidão, que não se apegam ao que é bom e ao julgamento justo, e que não se atêm ao bem, mas ao mal. A humildade e a paciência são mantidas longe deles. Amam ilusões, procuram a vingança, não têm compaixão dos pobres, não trabalham em prol dos oprimidos e não conhecem seu Criador. Assassinam crianças, destruindo obras das mãos de Deus. Dão as costas aos necessitados, afligindo quem já está desamparado. São advogados dos ricos, juízes ilegais contra os pobres. São pecadores contumazes. Meus filhos, não se envolvam com esse tipo de gente.

DIDAQUÊ, CAP. 5

Lembra-te, Senhor, de tua igreja, para livrá-la de todo mal e fazê-la perfeita em teu amor. Reúne-a dos quatro cantos do mundo, santificada para o teu reino, que tu preparaste para ela, pois teus são o poder e a glória para sempre. Amém.

DIDAQUÊ, CAP. 10

PARA REFLETIR: Sl 112.1-10; Is 33.15-17; Tg 1.22-25; 1Jo 2.15-29

Se alguém aparecer e lhes ensinar a suportar perfeitamente o jugo do Senhor, recebam-no bem. Mas, se o tal mestre voltar e lhes ensinar uma doutrina destrutiva, não lhe deem ouvidos. Se ele ensinar de modo a incrementar a justiça e o conhecimento do Senhor, recebam-no como ao Senhor. Mas, no que diz respeito aos apóstolos e profetas, ajam de acordo com as determinações do evangelho. Que todo apóstolo que se aproximar de vocês seja recebido como o Senhor. Um verdadeiro profeta segue os caminhos do Senhor. Portanto, é por sua conduta que se pode distinguir o profeta falso do verdadeiro. Recebam todos os que vêm em nome do Senhor, mas testem-nos para conhecê-los bem; assim vocês terão a percepção do certo e do errado.

DIDAQUÊ, CAP. 6, 11—12

Ó Deus Todo-poderoso, o Deus verdadeiro, a quem nada se compara, que está em toda parte e presente em todas as coisas, sê bondoso conosco e ouve-nos pelo teu nome. Abençoa os que se curvam diante de ti e concede-lhes os pedidos de seu coração. Não excluas nenhum deles do teu reino, mas santifica-os, guarda-os, protege-os e socorre-os. Liberta teu povo de seus adversários e de todos os inimigos. Preserva a casa deles e protege-os quando saírem e quando chegarem. Pois a ti pertencem a glória, o louvor, a majestade, a veneração e adoração, e a teu Filho Jesus, teu Cristo, nosso Senhor e Deus e Rei, e ao Espírito Santo, para todo o sempre. Amém.

LITURGIA CLEMENTINA (FINAL DO SÉC. 4), EM *CONSTITUIÇÕES DOS SANTOS APÓSTOLOS*, LIVRO 8, SEÇÃO 2.15

PARA REFLETIR: Sl 121.1-8; Is 26.3-4; 40.28-31; 43.10-21; Mt 25.34-46; Lc 14.12-14; 1Pe 4.9-11; 1Jo 4.1-12

INÁCIO DE ANTIOQUIA

Sentar-se aos pés de Inácio de Antioquia (c. 50-c. 98–117 d.C.), também chamado *Theophorus* (portador de Deus), significa ser instruído por um genuíno pastor cristão cujo amor a Cristo e à igreja respira o ar do Novo Testamento. É perfeitamente possível que ele e seu amigo Policarpo tenham conhecido e ouvido o apóstolo João. A cativante tradição segundo a qual Inácio foi a criança que Jesus exibiu como modelo para quem entra no reino de Deus (Mt 18.2-6) não tem base alguma, mas mostra como ele viveu perto dos tempos apostólicos.

Inácio foi preso em Antioquia e condenado a ser devorado por feras em Roma. A perseguição dos cristãos irrompera na Síria porque o imperador Trajano (r. 98–117 d.C.) decretou que, para reforçar a universalidade do seu reino, todos os seus súditos deviam adorar os deuses romanos. Quem se recusasse a obedecer enfrentaria a pena de morte. O valente Inácio se recusou a adorar esses deuses e renegar a Cristo. Foi preso e levado à presença do imperador, que na ocasião estava em Antioquia. Trajano o acusou de recusar-se a obedecer a seu decreto e de incentivar outros a seguirem seu exemplo. Condenado à morte, Inácio foi enviado para Roma a pé. Escreveu que estava "acorrentado entre dez leopardos", dez soldados romanos "que, mesmo quando recebiam benefícios, mostravam-se cada vez piores" (*Epístola aos romanos*, cap. 5). As correntes que o prendiam ele denominou suas "joias espirituais" (*Epístola aos efésios*, cap. 11).

A caminho de Roma, Inácio recebeu delegações de várias igrejas na Ásia Menor. Ele por sua vez escreveu cartas às igrejas, sete ao todo. Essas epístolas são uma janela que mostra a jovem igreja cristã na Síria e na Ásia Menor no início do segundo século. Há de fato quinze cartas que levam o nome de Inácio, mas acredita-se que apenas sete sejam autênticas. Quatro delas foram escritas de Esmirna para os efésios, os magnésios, os tralianos e os romanos. Três foram escritas de Troâde para os esmirniotas, para Policarpo, bispo de Esmirna, e para os filadélfios. Poucos escritos dos primórdios do cristianismo aproximam tanto o leitor do espírito do Novo Testamento quanto essas cartas. Infelizmente, não há muitas seções "devocionais", como talvez desejássemos que houvesse.

Em suas cartas, Inácio não faz absolutamente nenhuma restrição a morrer por seu Senhor. Ele pede aos efésios que não orem por sua desobrigação de "lutar com feras em Roma" e apela aos cristãos romanos que não tentem impedi-lo de se tornar "alimento para as feras". Sua profunda preocupação é com o bem-estar da igreja de Cristo. Inácio está atento à perseguição de fora da igreja e aos falsos mestres que a prejudicam de dentro dela. O conselho que ele dá é vigoroso e se aplica tão bem hoje como se aplicava à igreja do século 2. Acima de tudo, Inácio quer ter certeza da ordem e da fé inflexível das igrejas. Ele é um pastor que logo será forçosamente tirado do rebanho de Jesus. Muito mais que consigo próprio, ele está interessado no bem-estar das ovelhas. Em particular, em tempos tão perigosos a igreja na Síria está sem liderança episcopal. A carta de Inácio a Policarpo, seu caro amigo que logo percorrerá a senda do martírio, é especialmente inspiradora.

Ouvi falar de alguns estranhos que lhes ensinaram doutrinas falsas. Mas vocês não lhes deram ouvidos, para não receber o que eles estavam semeando. Vocês são pedras do templo do Pai, talhadas para a construção de Deus, o Pai, e içadas pelo instrumento de Jesus Cristo, que é a cruz, usando o Espírito Santo como corda, enquanto a fé foi o meio que os elevou e o amor foi o caminho que os fez subir até Deus. Vocês, portanto, bem como todos os seus companheiros de viagem, são portadores de Deus, portadores do templo, portadores de Cristo, portadores da santidade, adornados sob todos os aspectos com os mandamentos de Jesus Cristo, em quem eu também exulto por ter sido considerado digno, por meio desta carta, de conversar e alegrar-me com vocês, pois no que diz respeito à vida cristã vocês não amam coisa alguma a não ser a Deus somente.

Inácio, Epístola aos efésios, cap. 9

Vem, Santo Espírito, nossa alma inspira,
Dá-nos provar teu calor;
Fonte da antiga, profética lira,
Manancial de luz e amor.

Abre tuas asas, Pomba celestial,
Nossa natureza abriga;
Organiza este nosso caos moral,
Que agora a luz seja amiga.

Coletânea de hinos para uso das pessoas denominadas metodistas
(1889), hino 87

PARA REFLETIR: Jo 12.32; Cl 3.12-17; 1Ts 4.1-12; 1Pe 2.1-12; 2Pe 1.1-21

◇◇◇◇◇◇ **18** ◇◇◇◇◇◇

Orem sem cessar pelos outros. Pois há neles esperança de arrependimento, a fim de que cheguem a Deus. Cuidem, então, para que eles sejam instruídos por suas boas ações, se não houver outro jeito. Retribuam-lhes o mau humor com gentileza, a ostentação com humildade, a blasfêmia com oração e a crueldade com brandura. Enquanto cuidamos para não imitar a conduta deles, com sincera bondade mostremos que somos seus irmãos, e procuraremos ser seguidores do Senhor (quem jamais foi tratado mais injustamente, mais desamparado, mais condenado?), para que nenhuma erva do maligno seja encontrada entre vocês, mas que se mantenham puros e comedidos em Jesus Cristo, tanto no corpo como no espírito.

Inácio, *Epístola aos efésios*, cap. 10

Em júbilo, nós te adoramos,
Deus da glória e do amor;
O coração aberto apresentamos,
Ao sol o queremos expor.
Desfaz nuvens de pecado e tristeza,
Nossas dúvidas obvia;
Tu em nós despertas imortal certeza,
Dá-nos plena luz do dia!
Henry van Dyke (1852–1933), STTL, n° 17

PARA REFLETIR: Nm 7.3; Sl 34.1-10; Is 57.15; Jr 8.4; Mt 5 4,13-16; Gl 5.22; Cl 1.21-23; 2Tm 2.24-25; Tg 3 17; Ap 2.8-11

Reúnam-se sempre como igreja para render graças a Deus e louvá-lo. Quando nos reunimos com frequência no mesmo lugar, os poderes de Satanás são inutilizados, e a destruição pretendida por ele é frustrada pela unidade de fé que vocês têm. Nada é mais precioso que a paz, pela qual todos os conflitos nos céus e na terra são resolvidos.

Nada disso é segredo para vocês, se tiverem fé total e amor por Jesus Cristo que são o princípio e o fim da vida. O princípio é a fé, e o fim é o amor. Ora, esses dois, sendo inseparáveis, provêm de Deus. Tudo o mais que se requer para uma vida santa depende deles. Ninguém que faz uma verdadeira profissão de fé continua a pecar. Tampouco quem é tomado pelo amor é capaz de odiar alguém. Uma árvore é conhecida pelos frutos; assim também, quem se professa cristão será conhecido por sua conduta. Não se exige uma mera profissão de fé. O que se exige é que a pessoa continue a viver no poder da fé até o fim.

INÁCIO, *EPÍSTOLA AOS EFÉSIOS*, CAP. 13—14

Quero dentro de mim implantado
Um princípio de temor;
Uma noção tão clara do pecado
Que ele perto cause dor;
Quero sentir a onda mais furtiva
Do orgulho ou tolo desejo,
Para prender a vontade evasiva
E ao fogo não dar ensejo.

COLETÂNEA DE HINOS PARA USO DAS PESSOAS DENOMINADAS METODISTAS (1889), HINO 308

PARA REFLETIR: Mt 12.31-37; Lc 10.27; Jo 3.1-24; Ef 6.10-18; 1Tm 1.14

É melhor manter-se calado e agir como cristão que falar e ser falso. Ensinar é uma coisa boa, se o mestre pratica o que prega. Houve um único Mestre que falou e tudo se fez, embora até o que ele fez em silêncio fosse digno do Pai. Quem captou a palavra de Jesus é verdadeiramente apto a ouvir até o silêncio dele, de modo que ele pode ser perfeito e praticar o que diz e ser reconhecido por seu silêncio. Nada existe que Deus não saiba, e nossos segredos são acessíveis para ele. Façamos, então, tudo como quem tem Deus morando dentro de si, para que sejamos templo dele e ele habite em nós como nosso Deus, como de fato é e se manifestará aos nossos olhos.

INÁCIO, *EPÍSTOLA AOS EFÉSIOS*, CAP. 15

Senhor e Pai da humanidade,
Perdoa o nosso insano jeito!
Restaura nossa boa mentalidade;
Mais pura servirá à tua majestade,
Com mais louvor e respeito.

Sopra em nosso coração exaltado
Com teu bálsamo e tua brisa!
Corpo e sentidos sejam subjugados;
Tremores, vento, fogo e fortes brados,
Ó voz silente, suaviza!

JOHN GREENLEAF WHITTIER (1807–1892),
STTI., Nº 472

PARA REFLETIR: Sl 91.1-16; Mt 5.19; 6.6-18; Rm 10.9-10; 1Co 5.18-20; 6.9-20; 1Jo 3.14–4.21; Jd 1.20-25

POLICARPO DE ESMIRNA

Em Policarpo, bispo de Esmirna (moderna cidade de Izmir, na Turquia), encontramos um dos mais reverenciados líderes da igreja primitiva. Ele é lembrado por sua resoluta fidelidade a Jesus Cristo e por sua defesa da sã doutrina contra quem buscava destruí-la. A perspectiva teológica de Policarpo se assemelha à do Evangelho de João. O eletrizante relato de seu martírio é outro motivo da grande reverência que ele desfruta.

Pouco sabemos sobre a vida de Policarpo. Ele foi um estimado e jovem amigo de Inácio de Antioquia, depois de quem também foi martirizado. Na juventude, Policarpo, Inácio e Papias possivelmente foram pupilos do apóstolo João. Acredita-se que Policarpo tenha tido contato com muitas pessoas que viram Cristo. Quem sabe ele tenha sido o "anjo da igreja em Esmirna" a quem Cristo, no livro de Apocalipse, disse: "Se você permanecer fiel mesmo diante da morte, eu lhe darei a coroa da vida" (2.8,10). Sendo esse o caso, em seu martírio Policarpo obedeceu plenamente ao Senhor.

Irineu, um dos grandes defensores da ortodoxia na igreja primitiva, a quem encontraremos mais adiante, foi aluno de Policarpo. Ele apresenta o seguinte retrato de seu professor: "Eu poderia descrever o lugar exato no qual o abençoado Policarpo se sentava e ensinava; poderia descrever sua entrada e saída; todo o caráter de sua vida; sua aparência física; como ele falava de conversas que tivera com João e com outros que viram o Senhor; como ele mencionava as palavras deles e tudo o que havia deles ouvido a respeito do Senhor" (Eusébio, *História eclesiástica*, livro 5, cap. 20, seção 6).

Quando Inácio de Antioquia percorreu seu caminho até Roma e o martírio, ele passou por Esmirna, onde teve um tempo com Policarpo. Depois de retomar a jornada para Roma, Inácio enviou de Troâde uma carta a Policarpo.

Após o martírio de Inácio, a igreja de Filipos (a igreja que Paulo tanto amou) enviou uma carta a Policarpo em Esmirna pedindo-lhe que lhes transmitisse palavras de exortação. Também pediram que Policarpo entregasse à igreja em Antioquia uma carta escrita por eles. Os filipenses pediram a Policarpo que lhes enviasse cópias de qualquer carta de Inácio que ele tivesse em seu poder. Além de enviar cartas de Inácio, em nome dos presbíteros que então estavam com ele, Policarpo lhes enviou uma carta de exortação.

Depois de visitar Roma em 155 d.C., em idade muito avançada, Policarpo foi preso e martirizado, provavelmente em fevereiro de 156. Seu martírio se deu na cidade onde ele havia prestado seu testemunho cristão como bispo. Pouco depois de sua morte, a igreja de Esmirna enviou o *Martírio de Policarpo* à igreja de Filomélio (a moderna Akşehir, na Turquia), que circularia por todas as igrejas. O relato se destaca como um genuíno testemunho do poder de Cristo manifestado na fraqueza humana.

Policarpo e os presbíteros que estão com ele, à igreja de Deus estabelecida em Filipos: que a misericórdia lhes seja multiplicada, e a paz do Deus Todo-poderoso e do Senhor Jesus Cristo, nosso Salvador.

Muito me alegrei com vocês em nosso Senhor Jesus Cristo, porque vocês seguiram o exemplo do amor verdadeiro mostrado por Deus e acompanharam, como era de esperar que fizessem, os perseguidos que estavam em correntes, que são os ornamentos próprios dos santos. Aquelas correntes são, de fato, os diademas do verdadeiro eleito de Deus e nosso Senhor. A forte raiz de sua fé, comentada em tempos idos, até hoje persiste. Ela produz frutos para nosso Senhor Jesus Cristo, que morreu por nossos pecados, mas a quem "Deus ressuscitou, rompendo os grilhões da sepultura". Vocês, filipenses, exultam "com alegria inexprimível e gloriosa", e muitos gostariam de sentir isso. Vocês foram salvos pela graça, e não por obras.

Policarpo, Epístola aos filipenses, saudações e cap. I

Ó Deus,
Em ti deposito toda minha esperança;
Minha confiança toda invade.
Tu me guias de mudança em mudança,
Único bem e verdade.
Deus misterioso,
Tu, só tu,
Convidas minh'alma ao teu repouso.

Joachim Neander (1650–1680), da trad.
de Robert Seymour Bridges (1899), Hinário

PARA REFLETIR: At 2.22-36; Rm 15.13; Ef 2.8-9; Fp 1.5; Cl 1.9-18; **1Pe 1.8**

◇◇◇◇◇◇◇◇ **22** ◇◇◇◇◇◇◇◇

Fiquem alerta; sirvam ao Senhor em temor e verdade, como quem abandonou a loquacidade vazia e os ensinamentos errados da multidão. Vocês creram no Pai que ressuscitou nosso Senhor dentre os mortos. O Pai lhe deu glória e um trono à sua direita. A Cristo estão sujeitas todas as coisas nos céus e na terra. A ele todos os espíritos servem. Ele virá para julgar os vivos e os mortos. Seu sangue Deus exigirá de quem não crê nele. Mas o Pai que o ressuscitou dentre os mortos também nos ressuscitará, se nós fizermos sua vontade e seguirmos seus mandamentos; se amarmos o que ele amou, abstendo-nos de todo mal, da avareza, do apego ao dinheiro, da calúnia e do falso testemunho. Não retribuamos mal com mal, nem insulto com insulto, nem golpe com golpe, nem maldição com maldição. Sejamos misericordiosos, para podermos obter misericórdia.

Policarpo, Epístola aos Filipenses, cap. 2

Nós te damos graças, sim, mais que isso, ó Senhor, nosso Deus, Pai de nosso Senhor e Deus e Salvador Jesus Cristo, por toda tua bondade em todas as ocasiões e lugares, porque tu nos protegeste, nos resgataste, nos ajudaste e nos guiaste todos os dias de nossa vida. Nós oramos e te pedimos, Deus misericordioso, que nos concedas por tua bondade passar todos os dias da vida sem pecado, em plenitude de alegria, saúde, segurança, santidade e reverência por ti. Mas toda inveja, todo medo, toda tentação, toda influência de Satanás, toda cilada de pessoas maldosas, afasta, Senhor, para longe de nós e de tua igreja, pela graça, misericórdia e amor do teu Filho unigênito, por intermédio de quem e com quem sejam a ti o poder e a glória pelo sumamente santo, bondoso e vivificante Espírito, agora, doravante e para todo o sempre. Amém.

A divina liturgia do santo apóstolo e evangelista Marcos
(antes de 200 d.C.)

PARA REFLETIR: Sl 2.11; Mt 3.10; 6.12-14; 7.1; Lc 6.20,36; At 17.31; Rm 8.11; 1Co 6.14; 2Co 4.14; Ef 6.14; Fp 2.10; 1Pe 1.13,21; 3.22

Se oramos ao Senhor pedindo perdão, nós também devemos perdoar, pois estamos diante do olhar de nosso Senhor e Deus. Todos devemos comparecer perante o tribunal de Cristo e prestar contas. Sirvamos a ele, portanto, com temor e total reverência, como ele mesmo nos mandou, e como nos ensinaram os apóstolos que nos pregaram o evangelho e os profetas que proclamaram de antemão a vinda do Senhor. Sejamos zelosos na busca do que é bom.

Todos os que distorcem os ensinamentos do Senhor movidos por desejos lascivos e afirmam não haver nem ressurreição nem julgamento, esses são os primogênitos de Satanás. Abandonando a vaidade de muitos e suas falsas doutrinas, voltemos à palavra que nos foi transmitida desde o princípio. Vigiemos em oração e perseveremos em jejum, suplicando com fervor ao Deus que tudo vê para que não nos deixe cair em tentação. Como disse o Senhor: "O espírito está pronto, mas a carne é fraca".

POLICARPO, EPÍSTOLA AOS FILIPENSES, CAP. 6—7

Ó Senhor Soberano, nosso Deus, que escolheste a lâmpada dos doze apóstolos e os enviaste a proclamar o evangelho do teu reino ao mundo inteiro, e a curar enfermidades e todos os males que afetam as pessoas, purifica nossa vida e nosso coração de toda poluição e maldade, para que com a consciência e o coração puros sejamos para ti perfume agradável, pela graça, misericórdia e amor de teu Filho unigênito, por intermédio de quem e com quem sejam a ti o poder e a glória pelo sumamente santo, bondoso e vivificante Espírito, agora, doravante e para todo o sempre. Amém.

A DIVINA LITURGIA DO SANTO APÓSTOLO E EVANGELISTA MARCOS
(ANTES DE 200 D.C.)

PARA REFLETIR: Mt 6.12-14; 26.41; Mc 14.38; Rm 12.17; 14.10-12; 2Co 5.10; 8.31; **1Pe 4.7;** Jd 1.3

Mantenham-se constantes nessas coisas, portanto, e sigam o exemplo do Senhor. Sejam firmes e inabaláveis na fé, amando os irmãos, sendo afetuosos uns com os outros, cooperando em prol da verdade e mostrando a suavidade do Senhor na interação de vocês, sem desprezar ninguém. Quando puderem fazer o bem, não deixem para depois, porque "a doação de esmolas livra da morte" [BJ]. Que todos vocês se submetam uns aos outros. Que sua conduta seja irrepreensível entre os gentios, para que sejam elogiados por suas boas obras e o Senhor não seja blasfemado por sua culpa. "Ai daqueles, porém, por meio dos quais o nome do Senhor é blasfemado!" Portanto, ensinem a todos a sobriedade e mostrem-na em sua conduta.

Policarpo, Epístola aos Filipenses, cap. 10

Ó Deus soberano e Todo-poderoso, Pai de nosso Senhor e Deus e Salvador Jesus Cristo, oramos e suplicamos que nos concedas, ó Senhor, o que é bom e justo. Qualquer pecado que cometamos, perdoa com tua bondade e misericórdia. Não nos abandones, Senhor, enquanto depositamos em ti nossa esperança, nem nos deixes cair em tentação, mas livra-nos do maligno e de suas obras, pela graça, misericórdia e amor de teu Filho unigênito, por intermédio de quem e com quem sejam a ti o poder e a glória pelo sumamente santo, bondoso e vivificante Espírito, agora, doravante e para todo o sempre. Amém.

A divina liturgia do santo apóstolo e evangelista Marcos
(antes de 200 d.C.)

PARA REFLETIR: Tobias 4.9-10; **12.9 (deuterocanônico);** Is 52.5; Jo 12.23-33; 1Co 12.12-31; 1Ts 5.22; 2Ts 3.13; 1Pe 2.17; 4.5

Confio que vocês sejam bem versados nas Sagradas Escrituras e que nada lhes escape. Que o Deus e Pai de nosso Senhor Jesus Cristo, e o próprio Jesus Cristo, que é o Filho de Deus e nosso eterno Sumo Sacerdote, os edifiquem na fé, na verdade e em toda mansidão, gentileza, paciência, longanimidade, clemência e pureza; e lhes conceda lugar e participação entre os santos, e também a nós juntamente com vocês, e a todos que, sob o céu, vierem a crer em nosso Senhor Jesus Cristo e em seu Pai, que o ressuscitou dos mortos. Orem por todos os santos. Orem também pelos reis, magistrados e príncipes, pelos que os perseguem e os odeiam, e pelos inimigos da cruz. Assim, o fruto de vocês será visível a todos e vocês serão perfeitos em Cristo.

POLICARPO, *EPÍSTOLA AOS FILIPENSES*, CAP. 12

Faz de tua igreja, ó Salvador,
Lâmpada de ouro brunido,
Para exibir ante o mundo ao redor
Tua luz dos tempos idos;
Ensina teus peregrinos errantes
Como o rumo achar,
Para sem as trevas e as nuvens de antes
A tua face possam olhar.
WILLIAM WALSHAM HOW (1823–1897), HINÁRIO

PARA REFLETIR: Mt 5.44; 28.7; Mc 9.10; Jo 15.1-11; At 3.15; 1Co 3.9; **Gl 1.1,15;** 5.16-26; Ef 2.20; Fp 1.9-11; Cl 2.7; 1Tm 2.2; Tg 5.7

◇◇◇◇◇◇◇ **26** ◇◇◇◇◇◇◇

(Esta leitura e as duas seguintes descrevem o martírio de Policarpo conforme narrado em carta escrita pela igreja de Esmirna.)

Assim que as feras acabaram de devorar o mártir Germânico, não satisfeita com a morte dele, toda a multidão se pôs a gritar: "Fora os ateus! [i.e., os cristãos] Achem Policarpo!". Sua localização fora divulgada pelas autoridades por meio da tortura de informantes. Após orar, Policarpo foi trazido ao estádio. O irenarca Herodes tentou convencê-lo a poupar a própria vida caso oferecesse sacrifícios a César. Policarpo se recusou.

Quando ele foi apresentado, a multidão se pôs em alvoroço. O procônsul perguntou: "O senhor é Policarpo?". Ao ouvir a resposta afirmativa, o procônsul tentou persuadi-lo a renegar Cristo. "Respeite sua idade avançada. Jure pelo gênio de César. Diga: 'Fora os ateus!'." Policarpo, porém, fitando toda a multidão com o semblante carregado, e acenando com a mão para todos, disse: "Fora os ateus!". Em seguida, o procônsul insistiu que dissesse: "Jure, e eu o porei em liberdade; condene Cristo". Policarpo respondeu: "Por oitenta e seis anos eu o servi, e ele nunca me fez ofensa alguma; como então posso blasfemar contra meu Rei e meu Salvador?".

O MARTÍRIO DE POLICARPO, CAP. 1—9

Ó Senhor, tu és nosso Deus, aquele que liberta os cativos e anima os oprimidos. Acolhe, alivia e restaura todas as almas cristãs que estão aflitas ou desorientadas. Enche nosso coração de alegria e regozijo, para que em todas as ocasiões, tendo tudo o que nos é suficiente, transbordemos em toda boa obra em Cristo Jesus, nosso Senhor. Toda honra, glória, adoração e ação de graças são devidas a ti, o Pai, Filho e Espírito Santo, agora, doravante e para todo o sempre. Amém.

A DIVINA LITURGIA DO SANTO APÓSTOLO E EVANGELISTA MARCOS

(ANTES DE 200 D.C.)

PARA REFLETIR: Mt 24.9; Lc 9.24; At 6.8—7.60; Ap 6.9-11

O procônsul disse então a Policarpo: "Tenho feras a meu dispor; a elas vou atirá-lo a menos que se arrependa". Policarpo, contudo, respondeu: "Chame-as então, pois nós não estamos acostumados a nos arrepender do que é bom para adotar o que é mau; e eu aceito abandonar o que é mau pelo que é justo". Novamente o procônsul lhe disse: "Se não se arrepender, eu farei que seja consumido pelo fogo, já que percebo que menospreza as feras". Policarpo respondeu: "O senhor me ameaça com o fogo que queima por uma hora e depois morre. O senhor desconhece o fogo do futuro juízo e o castigo eterno reservado para os ímpios. Mas por que demorar? Faça o que o senhor quiser".

O martírio de Policarpo, cap. 11

No atro val da morte nada temo,
Se tu, Senhor, estás comigo;
Em teu cajado meu conforto tenho,
Tua cruz me mostra o caminho.

E assim ao longo deste meu labor
Tua bondade está presente;
Que eu te louve, ó Bom Pastor,
Em tua casa eternamente.

Henry William Baker (1821–1877),
Hinário

PARA REFLETIR: Rm 13.1-7; Tt 3.1; 1Pe 3.8—4.19; Ap 22.5-17

O oficial encarregado de cuidar das feras informou que não sobravam mais leões para soltar. Ficou então decidido que Policarpo seria queimado vivo. Os espectadores enlouquecidos foram correndo providenciar lenha para a fogueira. Policarpo não foi pregado, mas apenas amarrado. Então, colocando as mãos atrás das costas e atado como um carneiro retirado do grande rebanho para o sacrifício e preparado para ser um holocausto oferecido a Deus, ergueu os olhos para o céu e disse: "Senhor Deus Todo-poderoso, Pai do teu amado e bendito Filho Jesus Cristo, por meio de quem viemos a te conhecer, Deus de anjos e potestades, de todas as criaturas e de todas as espécies de justos que vivem em tua presença, eu te dou graças por me teres considerado digno deste dia e desta hora e por eu ser incluído entre os teus mártires, no cálice de Cristo, a fim de ressuscitar de corpo e alma para a vida eterna, mediante a incorruptibilidade conferida pelo Espírito Santo. Que entre eles eu possa ser recebido à tua presença neste dia como sacrifício abundante e aceitável, conforme tu, o Deus eternamente verdadeiro, de antemão ordenaste e revelaste e agora cumpriste. Por isso eu também te louvo por todas as coisas, te bendigo, te glorifico, juntamente com o eterno e celeste Jesus Cristo, teu Filho amado, com quem a ti e ao Espírito Santo seja a glória agora e em todos os tempos vindouros. Amém".

O MARTÍRIO DE POLICARPO, CAP. 12—14

"Aleluia! Porque o Senhor, nosso Deus, o Todo-poderoso, reina. Alegremo-nos, exultemos e a ele demos glória!" Àquele que sabe nos reunir todos em seu reino eterno por sua graça e bondade, mediante seu Filho unigênito Jesus Cristo, a ele sejam a glória, a honra, o poder e a majestade para sempre. Amém.

APOCALIPSE 19.6-7; O MARTÍRIO DE POLICARPO, CAP. 20

PARA REFLETIR: Mt 20.22,26.39; Mc 10.38; Lc 23.27-38; Hb 11.32—12.5

O *PASTOR DE HERMAS*

Uma das obras mais estranhas da literatura cristã primitiva também acabou sendo uma das mais populares, comparável nesse aspecto a *O peregrino* (1678), de John Bunyan. O *Pastor de Hermas* (c. 100-160 d.C.) é frequentemente mencionado entre os pais apostólicos. Embora hoje se acredite que a obra é um romance, muitos dos primeiros cristãos a receberam como inspirada, incluindo líderes proeminentes como Irineu, Clemente de Alexandria e Orígenes. O *Pastor* foi muitas vezes lido em cultos religiosos como parte das Escrituras. Mais tarde, o Fragmento Muratoriano (c. 180–200 d.C.), a primeira lista mais conhecida dos livros do Novo Testamento reconhecida pela igreja, rejeitou uma data mais antiga para a obra. O Fragmento Muratoriano informa que, embora útil para leitura pessoal, o *Pastor* não deve ser considerado parte das Escrituras, nem deve ser lido nas igrejas. Não se conhece com exatidão nem o autor nem a data de sua criação. É possível que tenha havido vários autores. Seja como for, muitos dos primeiros cristãos tinham certeza de que o livro havia sido escrito por Hermas, um conhecido do apóstolo Paulo mencionado em Romanos 16.14.

Hermas é o principal personagem da obra. A ele é concedida uma série de cinco visões, doze mandamentos e dez parábolas, tudo isso exigindo explicações detalhadas de mensageiros enviados a ele. Essas partes constituem as três divisões do livro. Juntas, elas estabelecem intricados caminhos que conduzem ao arrependimento, à fé, ao entendimento e à pureza. A principal preceptora de Hermas é a "senhora", a igreja, que às vezes aparece como uma idosa sentada numa cadeira e às vezes como uma virgem saindo de seu aposento nupcial. A gloriosa e perseguida igreja, agora em construção, e o fiel discipulado dela são temas unificadores. O *Pastor* trata de numerosos problemas eclesiais, como a negligência, a apostasia e o tratamento dispensado aos cristãos que, depois de abandonar a igreja, voltam arrependidos. No início da quinta visão, um homem de aparência imponente, vestido como pastor, é enviado por um anjo para guiar Hermas pelo resto de sua vida. Passo a passo, Hermas recebe instruções sobre como devem ser purificadas suas deficiências e iniquidades, que representam deficiências e iniquidades da igreja, muitas das quais ele antes desconhecia. A purificação possibilitará que Hermas avance no caminho da santidade. Ele é assegurado de que é possível observar os mandamentos recebidos.

O gênero literário do *Pastor de Hermas* é o apocalipse cristão, um tipo de literatura de revelação com uma estrutura narrativa. Uma revelação, ou apocalipse (do grego *apokalypsis*), é feito por um ser de outro mundo a um receptor humano. Empregando vários tipos de sinais e visões, o discurso apocalíptico revela "uma realidade transcendente" que é "temporal" porque trata da "salvação escatológica", e "espacial" porque "envolve outro mundo, que é sobrenatural".* Houve muitos apocalipses nos primórdios do cristianismo, e o livro bíblico assim intitulado é o mais conhecido.

O leitor contemporâneo pode facilmente entender por que o *Pastor* teria capturado a atenção e a lealdade dos primeiros cristãos. Exploraremos a seguir alguns dos motivos.

---

* John J. Collins, "Introduction: Towards the Morphology of a Genre", em *Apocalypse: The Morphology of a Genre*, ed. John J. Collins, *Semeia*, nº 14 (1979), p. 9.

A senhora [a igreja] a Hermas: "Ouça, e dê ouvidos às glórias de Deus. Por seu invisível e forte poder e grande sabedoria, Deus criou o mundo. Por seu glorioso plano, envolveu a criação em beleza. Por sua forte palavra, fixou os céus e lançou as fundações da terra sobre as águas. Por sua própria sabedoria e providência, Deus criou sua santa igreja, a qual abençoou. Veja! Ele concede à igreja a bênção que prometeu, com muita glória e júbilo, bastando que seu povo observe os mandamentos que com grande fé recebeu".

O Pastor de Hermas, LIVRO I, VISÃO I, CAP. 3

Toda glória ao Senhor Redentor,
Que nos reúne em sua graça
E nos manda, em mútuo fervor,
Juntos buscar sua face.

Um ao outro ajudar ele nos manda,
E unânimes nos unir;
Vamos rumo a nossa bela demanda
De mãos dadas prosseguir.

CHARLES WESLEY (1708–1788),
HINÁRIO

PARA REFLETIR: Gn 1.1—2.25; Ne 9.6; Jó 38.4-38; Sl 33.6-9; 89.11-12; Is 45.5-13; Jo 1.1-14; Ap 4.10-11; 10.6

O pastor [o anjo do arrependimento] me disse: "Seja simples e inocente, e você será como as crianças que não conhecem a maldade que arruína a vida dos homens. Primeiro, então, não fale mal de ninguém, nem dê ouvidos com prazer a quem falar mal de outra pessoa. Se ouvir, você compartilha o pecado de quem fizer isso. Pois a calúnia é um demônio perverso e volúvel. Nunca está em paz, mas sempre alimenta a discórdia. Mantenha-se longe disso, e você sempre estará em paz com todo mundo. Revista-se da santidade na qual não há causa de ofensa, mas todos os atos são temperados e alegres. Pratique a bondade e, da recompensa que Deus lhe dá por seu trabalho, doe a todos os necessitados com simplicidade, sem hesitar quanto a quem você deve ou não deve dar. Doe a todos, pois Deus deseja que entre todos suas dádivas sejam compartilhadas. Os que as recebem prestarão contas a Deus, dizendo por que e para que as receberam. Os aflitos que as receberem não serão condenados, mas os que as receberem sob falsos pretextos serão punidos. Aquele que serve em simplicidade viverá para Deus".

O Pastor de Hermas, livro 2, mandamento 2

Nós oramos e te suplicamos, ó bom Senhor que a todos amas, lembra-te em tua bondosa misericórdia de tua igreja espalhada pelo mundo e de todo o teu povo. Concede paz celestial ao coração de todos nós, mas concede-nos também paz nesta vida. Que nós sejamos teus, Senhor, pois não conhecemos outro Deus que não sejas tu, nem outro nome que não seja o teu. Dá-nos vida, e não permitas que nenhum pecado mortal prevaleça contra nós ou contra o teu povo. Pois és tu que abençoas e santificas todas as coisas. A ti atribuímos honra, glória e ação de graças. Amém.

A divina liturgia do santo apóstolo e evangelista Marcos

(antes de 200 d.C.)

PARA REFLETIR: Sl 37.3-8; 40.1-10; Pv 12.1-7,26-28; 22.1; Mq 6.8; Mt 25.34-40; 1Jo 3.17-18

O pastor me disse: "Ame a verdade e não permita que coisa alguma, exceto a verdade, saia de sua boca, para que o espírito que Deus colocou em seu corpo seja encontrado verdadeiro diante das pessoas; e o Senhor, que mora em você, será glorificado, porque ele é verdadeiro em todas as palavras; nele não há falsidade. Aqueles que mentem, portanto, negam o Senhor e o roubam, não lhe restituindo o depósito que receberam. Pois receberam dele um espírito isento de falsidade. Se lhe devolverem um espírito mentiroso, eles profanam o mandamento do Senhor e tornam-se ladrões".

O Pastor de Hermas, livro 2, mandamento 3

Ó Senhor Soberano e Todo-poderoso, olha lá do céu a tua igreja, todo o teu povo e todo o teu rebanho. Salva-nos a todos, teus servos indignos, e envia-nos o dom do teu Espírito Santo, para que, de coração puro e consciência limpa, saudemos uns aos outros com beijo santo, sem hipocrisia e sem propósito hostil. Faze-nos inocentes e puros num único espírito, no vínculo da paz e do amor; um corpo e um espírito, em uma única fé, tal como fomos chamados em uma única esperança de nossa vocação, para que todos nos encontremos no divino e infinito amor, em Cristo Jesus, nosso Senhor, com quem tu és bendito. Pois toda glória, honra, adoração e ação de graças são devidas a ti, o Pai, Filho e Espírito Santo, agora, doravante e para todo o sempre. Amém.

A divina liturgia do santo apóstolo e evangelista Marcos (antes de 200 d.C.)

PARA REFLETIR: 1Sm 12.24; 2Rs 20.1-5; Sl 25.4-14; 86.1-17; Jo 1.15-18; 4.24; 14.16; **Ef 4.25,29;** 1Jo 3.19-21; 4.6

"Ouça agora", disse o pastor, "como é perversa a ação da ira, e como ela derruba os servos de Deus e os afasta do caminho da justiça. Não age, contudo, sobre os que estão repletos de fé nem os afeta da retidão, porque o poder do Senhor está com eles. A ira desvia do caminho os insensatos e os que duvidam. Pois, assim que vê esse tipo de pessoa, ela lhe invade o coração e, por uma razão insignificante, a pessoa se enche de amargura por causa de acontecimentos comuns em seu dia a dia, por causa da comida, por exemplo, ou de alguma palavra supérflua que foi ouvida, ou por causa de algum amigo ou de algum presente ou dívida, ou de algum caso desimportante. Pois todas essas coisas são tolas, vazias e inúteis para os servos de Deus. Mas a paciência é grande, poderosa, forte e calma em meio a grande expansão, alegre, jovial, despreocupada, sempre glorificando a Deus, isenta de toda amargura, permanecendo no Senhor continuamente, branda e silenciosa. Afaste-se da ira, esse espírito extremamente perverso, e você estará na companhia da pureza que o Senhor ama."

O Pastor de Hermas, livro 2, mandamento 5

Liberta os cativos; resgata os aflitos; alimenta os famintos; consola os desanimados; converte os que estão no erro; ilumina os que estão nas trevas; ergue os caídos; confirma os indecisos; cura os enfermos; e guia a todos, bondoso Senhor, para o caminho da salvação e para dentro do teu santo rebanho. Liberta-nos de nossas iniquidades; protege-nos e defende-nos a todo tempo. Toda glória, honra, adoração e ação de graças são devidas a ti, o Pai, Filho e Espírito Santo, agora, doravante e para todo o sempre. Amém.

A divina liturgia do santo apóstolo e evangelista Marcos

(antes de 200 d.C.)

PARA REFLETIR: Mt 5.22; Gl 5.19-26; Ef 4.26-27; Cl 3.8; 1t 1.7; 1g 3.11

A *EPÍSTOLA A DIOGNETO* [MATHETES]

A *Epístola a Diogneto* (c. 130 d.C.) foi escrita por um cristão anônimo que atribuiu a si mesmo o nome de Mathetes, ou seja, "Discípulo" (dos apóstolos). Diferindo dos escritos dos pais apostólicos que falam para outros cristãos, a *Epístola a Diogneto* é endereçada a um erudito pagão greco-romano. É na verdade classificada como uma apologia (defesa) da fé cristã. Em geral, porém, a obra é listada entre os pais apostólicos, e assim ela será considerada aqui.

Sabemos muito pouco sobre Mathetes, inclusive sobre onde e quando escreveu sua carta. É possível que ele tenha sido um discípulo do apóstolo Paulo ou um de seus colaboradores. A epístola é importante porque respira o espírito de Paulo e ilustra como os cristãos se comunicavam com seus vizinhos pagãos quando queriam levá-los a converter-se ao cristianismo. Em linguagem simples, a carta defende admiravelmente o estilo de vida cristão, algo que os primeiros autores cristãos não se cansavam de fazer. A epístola foi chamada uma "joia do mais puro brilho".[*]

Diogneto, o destinatário da carta, pode ter sido o tutor do imperador Marco Aurélio (r. 161–180 d.C.), que também foi um filósofo estoico. Quem quer que tenha sido o suposto destinatário, era alguém interessado em informar-se sobre como os cristãos viviam e adoravam a Deus.

---

[*] A. Cleveland Coxe, "Introductory Note to the Espistle of Mathetes do Diognetus", em *The Apostolic Fathers, Justin Martyr, Irenaeus*, vol. 1, Ante-Nicene Fathers (1885; reimpr., Peabody, MA: Hendrickson Publishers, 1994), p. 23.

33

(O autor da epístola discute a inutilidade dos ídolos.)

Acaso não se assemelha o primeiro dos seus ídolos a uma pedra sobre a qual pisamos? E o segundo não é bronze, de modo algum superior àqueles vasos que são feitos para uso comum? O terceiro não é feito de madeira, e madeira que já se deteriora? O quarto não é de prata, que alguém precisa proteger dos ladrões? O quinto não é de ferro, agora já consumido pela ferrugem? O sexto não é simplesmente de barro, de modo algum mais precioso que aquilo que é formado para os fins mais banais? Não são todos eles de material corruptível? O escultor não criou o primeiro deles; o fundidor, o segundo; o ourives, o terceiro; e o oleiro, o quarto? Acaso não são todos os seus deuses surdos? Não são cegos? Não são inertes? Não são desprovidos de sentimentos? Não são incapazes de movimento? Essas coisas você chama de deuses; a elas você serve; a elas adora; e, nesse processo, você se tornou exatamente como elas.

EPÍSTOLA A DIOGNETO, CAP. 2

Louvado seja o Deus vivente!
Seu nome seja louvado!
Ele era, ele é e será
Sempre o mesmo, sempre amado.
O único Deus sempiterno
Antes que nada existisse:
O primeiro e já o derradeiro,
Na eternidade ele existe.
DANIEL BEN JUDAH (C. 1400 D.C.), DA TRAD. DE MAX LANDSBERG (1845-1928), HINÁRIO

PARA REFLETIR: Sl 16.4; Is 42.17; At 17.16-31; 1Co 10.13-22; 1Jo 5.21

Sobre o comportamento dos cristãos, eles não se distinguem de outras pessoas nem por seu país, nem por sua língua, nem pelos costumes que observam. Pois nem habitam em cidades exclusivas, nem empregam uma forma particular de fala, nem levam uma vida caracterizada por qualquer peculiaridade. Sua linha de conduta não foi concebida pela especulação ou deliberação de mentes especulativas. Tampouco os cristãos, como fazem alguns, proclamam-se defensores de doutrinas meramente humanas. Em vez disso, morando em cidades gregas bem como em cidades bárbaras, conforme determina a sorte de cada um, e seguindo os costumes dos habitantes do lugar no que diz respeito a vestimenta, alimentação e os demais aspectos comuns de comportamento, eles mostram seu maravilhoso e confessadamente chocante estilo de vida. Moram em seu próprio país, mas apenas como peregrinos. Como cidadãos, participam de tudo com os demais e, no entanto, tudo suportam como se fossem estrangeiros. Cada terra estrangeira é para eles como seu país nativo, e cada terra onde nasceram é como terra de estrangeiros.

Epístola a Diogneto, cap. 5

Ó Senhor Deus, Pai Soberano e Todo-poderoso, é verdadeiramente adequado e justo, santo e digno e bom para nossa alma louvar-te, abençoar-te e agradecer-te, e confessar-te abertamente dia e noite, sem cessar, com voz, lábios e coração. Verdadeiramente os céus e a terra estão repletos de tua glória, pela manifestação de nosso Senhor e Deus e Salvador, Jesus Cristo. Santifica-nos como sacrifícios vivos, santos e aceitáveis aos teus olhos, o que constitui nossa adoração espiritual, por meio do ministério do teu Santíssimo Espírito. Amém.

A divina liturgia do santo apóstolo e evangelista Marcos

(antes de 200 d.C.)

PARA REFLETIR: Rm 12.3-21; 13.1-14; Tg 3.17-18; 1Pe 4.7-19; Jd 1.17-25

Os cristãos se casam, como outros fazem; geram filhos, mas não matam sua prole. Compartilham a mesa, mas não a cama. Estão na carne, mas não seguem as leis da carne. Passam seus dias sobre a terra, mas são cidadãos do céu. Obedecem às leis estabelecidas e, ao mesmo tempo, a vida deles excede tais leis. Amam a todos e são por todos perseguidos. Não são conhecidos e, mesmo assim, são condenados; são mortos e, mesmo assim, recuperam a vida. São pobres e, mesmo assim, enriquecem a muitos; são carentes de tudo e, mesmo assim, têm tudo em abundância; são difamados e, mesmo assim, em sua difamação são glorificados. São alvo de maledicência e, mesmo assim, são justificados; são injuriados e, mesmo assim, abençoam; são insultados e, mesmo assim, retribuem o insulto com honra; fazem o bem e, mesmo assim, são punidos como malfeitores. Quando punidos, rejubilam-se como se ganhassem nova vida; são atacados pelos judeus como estrangeiros e perseguidos pelos gregos; e, mesmo assim, aqueles que os odeiam não conseguem atribuir nenhuma razão para seu ódio.

Epístola a Diogneto, cap. 5

Tem piedade de nós, Senhor, e fortalece-nos com teu divino poder. Afasta de nós a influência pecaminosa e perversa do desejo carnal. Que tua luz brilhe em nosso coração e disperse as trevas do pecado que nos cercam. Junta-nos à abençoadíssima assembleia, a igreja; pois, por teu intermédio e contigo, todo louvor, honra, poder, adoração e ação de graças são devidas ao Pai e ao Espírito Santo, agora e para sempre. Amém.

A divina liturgia do santo apóstolo e evangelista Marcos
(antes de 200 d.C.)

PARA REFLETIR: Mt 10.16-28; Lc 21.12-19; 1Co 1.1-14; Ef 4.11—6.24;
1Pe 3.1-18

Nenhuma invenção terrena foi entregue aos cristãos, nem receberam eles um mero sistema humano de opinião. Tampouco a eles foi concedida uma dispensação de meros mistérios humanos. Na verdade, o próprio Deus onipotente, Criador de todas as coisas visíveis e invisíveis, enviou do céu e colocou entre os seres humanos Aquele que é a verdade, a santa e misteriosa Palavra. Deus estabeleceu firmemente a Palavra no coração deles. Não enviou à humanidade um simples servo humano, um anjo ou um governante ou qualquer autoridade detentora de poder sobre coisas terrenas. Mandou o próprio Criador e Formador de todas as coisas. Por ele foram feitos os céus. Por ele, Deus confinou o mar dentro de seus limites adequados. Seus decretos todas as estrelas fielmente observam. Dele o sol recebeu a duração de seu percurso diário. É a ele que a lua obedece, tendo ordens para brilhar à noite, e as estrelas obedecem a ele, por quem foram dispostas e colocadas em seus limites adequados. A ele todas as coisas se submetem: os céus e os seres que os habitam, a terra e os seres que a habitam, o mar e os seres que o habitam, os seres das alturas, os seres das profundezas, e tudo o que existe no espaço intermediário.

Epístola a Diogneto, cap. 7

Ó Senhor, sê misericordioso e tem piedade de nós, pois és nosso amparo em todas as circunstâncias, ó Senhor de tudo. Ilumina os rumos de nossas meditações, para ouvirmos e entendermos teus vivificantes e divinos mandamentos; e concede-nos, por tua graça e misericórdia, deduzir deles a certeza de teu amor, esperança e salvação, tanto do corpo como da alma. Nós cantaremos tua glória eterna sempre e sem cessar, ó Senhor de tudo. Amém.

Addai e Mari, A liturgia dos benditos apóstolos (c. 150 d.C.)

PARA REFLETIR: Jo 1.1-14; 17.1-26; At 2.14-49; Hb 1.1-14; 1Jo 2.22-24; 4.1-3

Esse Mensageiro Deus enviou aos cristãos. Isso aconteceu, como se poderia esperar, com o propósito de exercer uma tirania ou de inspirar medo e terror? De maneira nenhuma; foi em espírito de misericórdia e mansidão que ele veio. Como um rei envia seu filho, que também é rei, assim Deus enviou Cristo; como Deus, ele o enviou; como para a humanidade, ele o enviou; como Salvador, ele o enviou; como quem busca persuadir e não obrigar, pois esse tipo de violência não cabe na natureza de Deus. Como alguém que ama, o Pai o enviou, não como alguém que persegue para se vingar; como alguém que ama, não como quem condena. Um dia ele enviará Cristo para nos julgar, e quem suportará seu aparecimento? Você não vê cristãos expostos a feras para serem convencidos a renegar ao Senhor e, no entanto, eles não são vencidos? Não percebe que quanto maior o número de cristãos perseguidos, mais cresce o número deles? Isso não parece ser obra humana. Isso é obra de Deus.

Epístola a Diogneto, cap. 7

Que todo mortal silencie,
Paralisado em seu temor,
E nada terreno pondere,
Pois com bênçãos a seu dispor
Cristo Deus à terra desceu,
Para exigir pleno louvor.

Hino querúbico para o ofertório, adaptado de A divina liturgia do santo apóstolo Tiago (c. 150–200 d.C.), da trad. de Gerard Moultrie (1829–1885), Hinário

---

PARA REFLETIR: Rm 3.20-28; 1Co 1.17-31; Ef 1.3-32; Fp 2.1-11

<h1 style="text-align:center">38</h1>

Quando castigos e morte ameaçavam seres humanos por causa de nossos pecados, e quando chegou o tempo determinado por Deus para mostrar sua bondade e poder, ele agiu com extrema misericórdia para conosco. Não agiu movido por ódio, nem nos rejeitou, nem evocou contra nós nossa iniquidade. Em vez disso, mostrou grande longanimidade e foi paciente conosco. O próprio Deus assumiu o fardo de nossas iniquidades. Ele entregou seu Filho como nosso resgate, o Santo pelos transgressores, o Inocente pelos perversos, o Justo pelos injustos, o Incorruptível pelos corruptíveis e o Imortal pelos mortais. Pois que outro feito poderia encobrir nossos pecados senão a virtude de Cristo? Por quem mais era possível que nós, os perversos e ímpios, nos reconciliássemos com Deus senão por seu próprio Filho?

Epístola a Diogneto, cap. 9

A seus pés serafins com seis asas,
Querubins com olhar vigilante,
Cabisbaixos à sua presença,
Vão bradando com voz incessante:
"Aleluia, aleluia, aleluia,
Nas alturas Senhor triunfante!".
Hino querúbico para o ofertório, adaptado de A divina liturgia do santo apóstolo Tiago (c. 150–200 d.C.), da trad. de Gerard Moultrie (1829–1885), Hinário

---

PARA REFLETIR: Is 53.1-12; Jo 3.14-21; 10.7-18; Hb 2.1-10

Ó doce permuta! Ó insondável operação! Ó benefícios que superam toda expectativa! Como é possível que a maldade de muitos fosse encoberta em um único Justo, e que a justiça de um Justo justificasse as transgressões de muitos! Tendo, portanto, nos convencido em tempos de outrora que nossa natureza era incapaz de obter vida, e tendo agora revelado o Salvador que é capaz de salvar até mesmo aqueles seres inaptos para a salvação, ele nos levou a confiar em sua bondade, a apreciar nele nosso Sustento, Pai, Mestre, Conselheiro, Médico, nossa Sabedoria, Luz, Honra, Glória, Poder e Vida, de modo que não nos preocupássemos com o que vestir ou comer.

Epístola a Diogneto, cap. 9

Senhor Jesus Cristo, tu estendeste teus braços amorosos sobre a dura madeira da cruz, para que todos estivessem ao alcance do teu abraço salvador; reveste-nos, então, com teu Espírito para que nós, estendendo nossas mãos amorosas, levemos aqueles que não te conhecem a te conhecer e te amar, para honra do teu nome. Amém.

"Coleta para orientação", Oração matinal diária: rito 2, LOC

PARA REFLETIR: Rm 5.1.21; Cl 2.6-15; 3.1-17; Hb 10.12-23; 1Pe 1.3-25

◇◇◇◇◇◇ **40** ◇◇◇◇◇◇

Não é dominando o próximo, não é impondo-se sobre os fracos, enriquecendo ou agindo com violência para com os que são inferiores que se consegue a felicidade. Tampouco pode alguém com essas atitudes tornar-se seguidor de Cristo. Essas atitudes de modo algum constituem a majestade de Deus. Pelo contrário, aquele que assumir para si o fardo de seu próximo; aquele que, em qualquer situação sendo superior, está disposto a prover por alguém necessitado; aquele que, tendo recebido de Deus o que quer que seja, distribuindo tudo entre os necessitados, torna-se semelhante a Deus para quem recebe as doações, esse alguém é um imitador de Deus.

Epístola a Diogneto, cap. 10

Ó Pai do céu, sê nosso guia
Sobre o tempestuoso mar;
Sustém-nos, guarda e alivia;
Sem ti, quem há de nos ajudar?
Somos dotados e abençoados,
Se Deus, nosso Pai, se mostrar.

James Edmeston (1791–1867), Hinário

PARA REFLETIR: Mt 5.1-12; Rm 12.6-21; 1Co 13.1-13; Fp 2.1-11; 1Tm 6.17-21; Tg 1.22-27

Se você se tornar imitador de Deus, então verá, ainda neste mundo, que Deus nos céus governa sobre todas as coisas; então passará a declarar os mistérios de Deus; então começará a amar e admirar os que são punidos porque não aceitam renegar a Deus; então condenará a falsidade e o erro do mundo. Você saberá o que significa viver no céu quando desprezar o que o mundo descarta como letal, quando temer o que é verdadeiramente letal. Então passará a dar valor aos que, por amor à justiça, suportam a perseguição que dura apenas um momento, e os considerará felizardos.

EPÍSTOLA A DIOGNETO, CAP. 10

Ó Deus, Rei eterno, tu que separas o dia da noite e transformas a sombra da morte em amanhecer, afasta de nós todos os maus desejos, inclina nosso coração à observância da lei e guia nossos pés para o caminho da paz; para que, tendo feito tua vontade com entusiasmo durante o dia, nós nos alegremos, quando a noite chegar, por te render graças; por Jesus Cristo, nosso Senhor. Amém.

"COLETA PARA RENOVAÇÃO DA VIDA", ORAÇÃO MATINAL DIÁRIA:
RITO 2, LOC

PARA REFLETIR: 2Co 4.11-18; Hb 12.1-8; 1Pe 3.8—4.19; Ap 21.1-8; 22.6-14

OS APOLOGISTAS GREGOS

Os ensinamentos a seguir provêm dos pais apologistas gregos. Eles começaram a aparecer em meados do segundo século. O termo "apologista" vem do grego *apologia*, que significa "responder em nome" ou "fazer uma defesa" de algo que se acredita ser verdadeiro. Os apologistas foram os primeiros a explicar a fé cristã à cultura clássica, a argumentar em prol de sua superioridade e a defendê-la de ataques pagãos (e, às vezes, judaicos). No processo, mostraram os erros da religião pagã e discutiram as deficiências dos filósofos. Alguns deles notaram semelhanças entre certas crenças cristãs e certas ideias filosóficas. Notável entre os apologistas foi a familiaridade com a desconcertante gama de deidades pagãs e suas origens.

Embora os apologistas muitas vezes endereçassem suas defesas a imperadores, elas visavam plateias mais amplas. Com frequência, o apologista cristão recorria a uma "ponte" ou fundamento comum às duas partes para explicar sua posição. O apóstolo Paulo fez isso ao falar com os estoicos e epicureus de Atenas (At 17.16-31). No século 13, Tomás de Aquino (c. 1225–1274) costumava usar o filósofo Aristóteles como posição intermediária para iniciar sua apresentação do evangelho aos muçulmanos. Um apologista que usasse essa estratégia admitiria que sua plateia tinha de antemão alguma medida de conceitos corretos, como as percepções religiosas alcançadas por Platão, Aristóteles ou os estoicos, o que preparava o caminho para o entendimento da apologia por ele apresentada. A finalidade não era apenas defender, mas também convencer. Nem todos os apologistas lançaram mãos dessa abordagem.

Alguns viam apenas um renhido conflito entre a cultura greco-romana e a fé cristã. Outros acreditavam que alguns filósofos haviam enxergado parcialmente a verdade e que eles haviam até sido ajudados pelo Logos divino.

Um perigo associado à apologética é que esforços para estabelecer uma "ponte" podem resultar na concessão ou na deturpação de algo essencial para a própria visão do apologista. Fossem quais fossem as táticas usadas, em suas tentativas de explicar a fé cristã eles julgavam necessário explicar as alegações cristãs de maneiras sistemáticas até então não exigidas. Seus sinceros esforços por vezes os levaram a fazer afirmações menos precisas quando comparados a outros pensadores cristãos e a concílios posteriores da igreja. Em suma, o préstimo dos apologistas em favor da igreja primitiva foi admirável e essencial, pois eles não apenas explicaram a fé cristã, como também dissecaram o politeísmo e mostraram que era absurdo persistir em sua prática. É longa a lista de apologistas gregos, e os escritos de alguns deles se perderam.

ARISTIDES

Por volta do ano 125 d.C., um cristão identificado como Aristides, o Filósofo de Atenas, endereçou uma apologia ao "venerável e misericordioso" imperador Adriano (r. 117–138 d. C.), quando este visitou Atenas. Diz-se que sua apologia serviu de inspiração para as obras de Justino Mártir. Aristides diz que há quatro classes de seres humanos: bárbaros, gregos, judeus e cristãos. Ao que parece, os egípcios, tidos por ele como "mais desprezíveis e estúpidos que todos os outros povos" (*Apologia*, cap. 12), não contavam. Cada classe tem sua religião, mas apenas uma delas — os cristãos — expressa fielmente o único Deus verdadeiro.

Segundo Aristides, os bárbaros se desviaram porque adoraram elementos criados em lugar do Criador. Criaram imagens e as colocaram em templos. Os gregos, embora mais cultos, desviaram-se ainda mais que os bárbaros criando deuses e deusas fictícios. Alguns eram adúlteros, alguns assassinos, alguns invejosos, alguns coléricos, alguns ladrões e assaltantes, alguns aleijados, alguns feiticeiros, enquanto outros até matavam os pais. Depois, para piorar as coisas, os gregos foram incentivados a imitar seus deuses. Aristides pensou que os judeus, adorando um único Deus que é o Criador dos céus e da terra, aproximaram-se da verdade mais corretamente que outros povos. Incorreram, porém, na idolatria. Prestaram mais culto a anjos e a suas próprias leis que a Deus. Em contrapartida, os cristãos identificaram o início de sua religião em Jesus, o Messias, que é o Filho do Deus Altíssimo.

Os cristãos, ó rei, conhecem Deus e confiam nele, que é o Criador dos céus e da terra, em quem estão e de quem provêm todas as coisas e para quem não há nenhum outro deus ou associado. Dele os cristãos receberam mandamentos que estão gravados em sua mente. Esses mandamentos eles observam na esperança e expectativa do mundo futuro. Por causa disso, não cometem adultério nem fornicação, não dão falso testemunho nem falseiam suas promessas, e também não cobiçam coisas alheias. Honram pai e mãe e mostram bondade aos que os cercam. Quando precisam julgar, julgam com justiça. Não adoram ídolos feitos à imagem de seres humanos; e o que não desejam que outros lhes façam eles não fazem a outros.

Apologia de Aristides, o Filósofo de Atenas, cap. 15

Pai celestial, em ti vivemos e nos movemos e existimos. Humildemente, pedimos-te que nos guies e nos governes por meio do teu Espírito Santo, a fim de que em todos cuidados e ocupações de nossa vida não nos esqueçamos de ti, mas nos lembremos de que estamos sempre caminhando sob teu olhar; por Jesus Cristo, nosso Senhor. Amém.

"Coleta para orientação", Oração matinal diária: rito 2, LOC

PARA REFLETIR: Lc 6.17-49; 1Ts 5.1-15; Tt 2.11—3.8; Hb 13.20-21

Os cristãos consolam seus opressores e os tornam seus amigos; eles fazem o bem a seus inimigos. Suas jovens mulheres solteiras, ó rei, são puras como virgens. Suas filhas são recatadas. Os homens se abstêm de qualquer relação ilegítima e de toda impureza, na esperança de uma recompensa futura no outro mundo. Além disso, se um ou outro deles tiver escravos ou escravas ou filhos de escravos, por amá-los os convencem a se tornarem cristãos e, feito isso, eles os chamam de irmãos, sem fazer distinção alguma.

Apologia de Aristides, o Filósofo de Atenas, cap. 15

O Rei do amor é o Pastor meu;
Seu bem é sempre presente.
Nada me falta se eu for seu
E ele for meu para sempre.

Para verdes correntes de água viva
Ele minha alma conduz,
Onde a pastagem verde-oliva
Celeste alimento produz.

Vivendo a vida enquanto eu for,
Tua bondade nunca falta;
Quero louvar-te, Bom Pastor,
Em tua casa, em voz bem alta.

Henry William Baker (1821–1877),
Hinário

PARA REFLETIR: Êx 20.1-17; Sl 19.1-3; Jr 4.1-4; 1Co 5.8—6.20; 1Jo 5.11-21

Os cristãos não adoram deuses estranhos, e seguem seu caminho com toda modéstia e alegria. Não se encontra entre eles a mentira; e eles se amam uns aos outros. Às viúvas não negam o respeito devido; e resgatam o órfão de quem o trata com crueldade. Quem tem dá a quem não tem, sem alarde. Quando deparam com um desconhecido, levam-no para casa e se alegram com ele como se fosse um irmão; pois não se chamam mutuamente "irmãos" segundo a carne, mas "irmãos" segundo o Espírito e em Deus. E, sempre que um deles deixa este mundo, cada um deles, segundo suas possibilidades, cuida do falecido e providencia um cuidadoso sepultamento. Se tomam conhecimento de que um dos seus está preso ou angustiado por causa do nome do Messias, todos eles se preocupam e cuidam de suas necessidades, e se é possível redimi-lo eles o libertam. Se houver entre eles alguém pobre e necessitado, e se eles não têm comida suficiente, os cristãos jejuarão por dois ou três dias para conseguir o alimento.

APOLOGIA DE ARISTIDES, O FILÓSOFO DE ATENAS, CAP. 15

Examina os corações e convida
A nos livrar da dívida devida;
A cobiça do ouro e o prazer,
O pecado que faz esmorecer,
Com o teu rigor e os castigos teus
Os erros faz-nos conhecer, ó Deus.
WILLIAM B. CARPENTER (1841–1919),
HINÁRIO

PARA REFLETIR: Sl 96.5; 115.4-8; 135.15-18; Is 40.18-26; Rm 14.1-19; 1Co 12.2

45

Os cristãos observam fielmente os preceitos de seu Messias, vivendo honesta e sobriamente como manda o Senhor, seu Deus. Toda manhã e a toda hora agradecem e louvam a Deus por sua bondade para com eles. Pela comida e bebida, eles agradecem. Se alguma pessoa justa entre eles passa deste mundo, eles se rejubilam e agradecem a Deus; e acompanham o corpo como se ele estivesse se mudando de um lugar para outro na vizinhança. Quando nasce um filho de um deles, agradecem a Deus; e, se por acaso o filho morrer na infância, agradecem a Deus mais ainda, como se agradecessem por alguém que passou pelo mundo sem pecar. E além disso, se eles se dão conta de que um deles morreu na impiedade ou em pecado, por ele lamentam amargamente e se entristecem como se tratasse de alguém que vai ao encontro de sua condenação.

APOLOGIA DE ARISTIDES, O FILÓSOFO DE ATENAS, CAP. 15

Senhor, nosso Pai celestial, Deus eterno e todo-poderoso, que em segurança nos trouxeste ao início deste dia, defende-nos hoje com teu vasto poder e concede-nos que neste dia não cometamos nenhum pecado, nem incorramos em nenhum tipo de perigo; mas que nós, sendo comandados pelo teu governo, sempre façamos o que é justo aos teus olhos; por Jesus Cristo, nosso Senhor. Amém.

"COLETA PARA ORIENTAÇÃO", ORAÇÃO MATINAL DIÁRIA:
RITO I, LOC

PARA REFLETIR: Sl 40.1-10; 98.1-9; 118.1-4; Ef 5.17-21; Fp 3.8-16; Hb 13.15

Esse, ó rei, é o mandamento pelo qual os cristãos pautam sua vida, e esse é seu modo de vida. Como gente que conhece a Deus, eles fazem pedidos que são apropriados para Deus conceder e para eles receberem. Tais pedidos eles fazem a vida inteira. E, porque conhecem a amorosa bondade de Deus, eis que se mostram à vista deles as coisas belas do mundo. E verdadeiramente eles encontraram a verdade quando a procuraram; somente eles se aproximam do conhecimento da verdade. Eles não se vangloriam perante as multidões das boas obras que praticam, mas se preocupam para que ninguém as note; e escondem suas doações a exemplo de quem encontra um tesouro e o oculta.

Apologia de Aristides, o Filósofo de Atenas, cap. 16

Ó Senhor, tu nos ensinaste que sem amor tudo o que fazemos de nada vale; envia teu Espírito Santo e derrama em nosso coração tua dádiva maior, que é o amor, o verdadeiro elo da paz e de toda virtude, sem a qual a vida é creditada como morta em tua presença. Concede isso em nome do teu Filho unigênito Jesus Cristo, que vive e reina contigo e com o Espírito Santo, um só Deus, agora e para sempre. Amém.

"Sétimo domingo depois da Epifania", Coletas: contemporâneas, LOC

PARA REFLETIR: Sl 117.1-2; Is 54.1-11; Mt 6.1-15; 25.34-36; Jo 14.5-14

Os cristãos se esforçam para serem justos como pessoas que esperam contemplar seu Messias e receber dele com grande glória as promessas por ele feitas. Quanto às suas palavras e aos seus preceitos, ó rei, e ao seu modo de glorificar a Deus em seus cultos, e quanto à sua esperança de serem recompensados num outro mundo de acordo com o modo de vida que seguiram, o rei pode informar-se sobre tudo isso lendo os escritos deles. Grande, de fato, e maravilhosa é a doutrina deles aos olhos de quem investigá-la e sobre ela refletir. E, com efeito, os cristãos são um povo novo; há uma presença divina no meio deles.

APOLOGIA DE ARISTIDES, O FILÓSOFO DE ATENAS, CAP. 16

Ó Soberano Senhor Cristo Jesus, a Palavra coeterna do Pai eterno, tu que em tudo foste feito igual a nós, mas sem pecado, para a salvação de nossa raça; que enviaste teus discípulos e apóstolos a proclamar e ensinar o evangelho do teu reino e curar todas as enfermidades, todas as doenças entre teu povo, que seja do teu agrado agora, ó Senhor, difundir tua luz e tua verdade. Ilumina os olhos de nossa mente, para que compreendamos teus oráculos divinos. Prepara-nos para que nos tornemos ouvintes, e não apenas ouvintes mas também agentes de tua palavra, a fim de que, sendo frutíferos e produzindo bons frutos multiplicados de trinta a cem vezes, sejamos considerados dignos do reino do céu. Amém.

A DIVINA LITURGIA DO SANTO APÓSTOLO E EVANGELISTA MARCOS
(ANTES DE 200 D.C.)

PARA REFLETIR: Mt 25.34-46; Lc 6.22-23,25; 2Co 5.14-21; 1Pe 3.9-12; Ap 1.17-20; 3.21-22

JUSTINO MÁRTIR

O mais importante apologista grego do segundo século foi um filósofo que tinha pesquisado muitos sistemas filosóficos, inclusive os de Sócrates e Platão, antes de se converter ao cristianismo. Depois da conversão, continuou a usar o traje tradicional de filósofo por acreditar que no cristianismo ele havia finalmente descoberto a verdadeira filosofia; nele toda a filosofia se completa. Nós o conhecemos como Justino Mártir (c. 100–165 d.C.), um gentio oriundo da Samaria, perto do poço de Jacó. Era culto e muito viajado. Possuía os dons intelectuais e a instrução necessária para apresentar o evangelho de Jesus, o Galileu, às reflexivas mentes greco-romanas. Tornou-se uma "estrela" do Ocidente que conduziu investigadores para o estábulo de Belém. Justino acreditava que, ao contrário de qualquer filósofo, Jesus Cristo satisfez as expectativas daqueles que em todos os povos esperavam de Deus coisas boas. Fosse qual fosse a classe social, o evangelho de Cristo é para todos. Os sábios abandonarão as velhas filosofias fracassadas e as antigas divindades pagãs e passarão a amar somente a verdade que se encontra em Jesus.

Àqueles que perseguem cristãos simplesmente por sua denominação Justino diz que, para serem justos, eles devem primeiro examinar o verdadeiro sentido do termo "cristão", um serviço que ele fornece. Isso feito, os opositores perceberão o erro envolvido na acusação e perseguição dos cristãos. Seus oponentes não lhe deram ouvidos. Justino foi martirizado em Roma por volta de 165 d.C., durante o reinado de Marco Aurélio (161–180 d.C.).

Existem três obras de Justino cuja autoria é inconteste. Uma *Primeira apologia* é endereçada ao imperador Antonino Pio (r. 138–161 d.C.), ao filho dele Veríssimo, ao filósofo Lúcio, ao senado e a todos os romanos. Uma *Segunda apologia* é endereçada ao senado romano. O *Diálogo com Trifão* foi escrito em Éfeso (c. 150 d.C.) e consiste em uma suposta conversa com o judeu mais célebre de sua época. Existem outras obras, mas a autoria delas é discutível.

(Justino alegou que até mesmo alguns dos filósofos eram ateus; que poetas satirizavam a imortalidade de Júpiter; e que os romanos aprovavam e premiavam poetas que ridicularizavam os deuses.)

Que hipocrisia perseguir os cristãos como ateus. O senhor nos chama ateus porque não sabemos apontar para um relicário ou templo do nosso Deus. Nós confessamos que somos ateus no que diz respeito aos seus deuses, mas não no que diz respeito ao mais verdadeiro Deus. Ele é o Pai da justiça, da temperança e das outras virtudes. Está isento de qualquer impureza. Mas tanto a ele e a seu Filho, que dele proveio e nos ensinou estas verdades, quanto ao profético Espírito nós cultuamos e adoramos. Nós os conhecemos pela razão e pela verdade, e essa verdade ensinamos a todos os que a desejam conhecer, assim como nós fomos ensinados.

PRIMEIRA APOLOGIA DE JUSTINO MÁRTIR, CAPS. 5—6, 9—10

Sopra sobre mim, ó Sopro Divino,
Restaura-me novamente,
Para que eu ame o que tu amas
E aja conforme tua mente.

Sopra sobre mim, ó Sopro Divino,
Meu coração deixa puro;
Quero contigo fazer tua vontade
E agir sempre seguro.

Sopra sobre mim, ó Sopro Divino,
Até eu ser todo teu,
Até que toda a parte terrena
Brilhe no fogo de Deus.
EDWIN HATCH (1835–1889), HINÁRIO

PARA REFLETIR: Sl 89.1-18; Jr 9.23-25; At 17.22-31; Rm 1.18-26; 12.1-2; Ap 14.6-7

Quando interrogados antes de sermos presos, torturados ou martirizados, está em nosso poder negar que somos cristãos. Mas não vivemos falando mentiras. Motivados pelo desejo da vida eterna e pura, procuramos a morada que está em Deus, o Pai e Criador de tudo. Mais que depressa, confessamos nossa fé. Fomos persuadidos de que aqueles que, com suas obras, mostraram a Deus que o seguiram e anseiam por estar com ele em sua morada, onde não há nenhum pecado para causar inquietação, esses desfrutarão tais prêmios. Se alguém disser que isso é incrível ou impossível, esse nosso "erro" só diz respeito a nós e a mais ninguém, desde que o senhor não possa nos condenar por agirmos de forma errada.

PRIMEIRA APOLOGIA DE JUSTINO MÁRTIR, CAP. 8

Ó Deus,
Associo a mim mesmo neste dia
O forte nome da Trindade;
Passarei a invocar-te doravante,
Ó Trina e Una Divindade.

Associo a mim mesmo neste dia
Seu poder para reter e guiar,
Olhos para olhar, poder para deter,
Ouvidos para ouvir quem dele carecer,
A sabedoria do meu Deus para ensinar,
A mão que me guie, o escudo que me proteja,
A Palavra de Deus que me ensine a falar,
Sua hoste celestial para me guardar.

PATRÍCIO (C. 387–463 D.C.), DA TRAD. DE CECIL F. ALEXANDER (1889), HINÁRIO

PARA REFLETIR: Mt 25.14-23; Lc 16.10-12; 2Co 4.1—5.11; Ap 2.10

Os cristãos não honram com sacrifícios ou arranjos de flores as divindades que seres humanos criaram e colocaram em seus templos. Nós sabemos que eles não têm vida, que são inertes e não têm a forma de Deus, o qual não tem forma física nenhuma. O senhor sabe que artesãos esculpem, talham e forjam elementos materiais transformando-os em deuses, muitas vezes receptáculos de ignomínia. Basta mudar a forma e fazer uma imagem encomendada, e os artesãos criam um deus. Julgamos isso não apenas absurdo, mas também ofensivo para Deus; aquele que é detentor de glória e forma inefáveis tem seu nome associado a objetos corruptíveis que exigem manutenção constante. O senhor sabe bem que os próprios criadores desses deuses são imoderados e praticam todo tipo de vício. Sabe bem que até as próprias donzelas que trabalham com eles são corruptas. Que insanidade! Homens imorais criando os deuses que o senhor venera; e o senhor fazer desses homens os guardiões dos seus templos! Não percebe a loucura que é dizer que homens possam ser guardiões de deuses?

PRIMEIRA APOLOGIA DE JUSTINO MÁRTIR, CAP. 8

Glória a Deus nas alturas!
Nele vivem suas criaturas.
Deus que nos guia com amor
Rumo ao trono do Senhor!
Cercando o trono seus anjos,
Lá celebram seus arranjos.
Daqui ecoam as criaturas:
Glória a Deus nas alturas!

COLETÂNEA DE HINOS PARA USO DAS PESSOAS DENOMINADAS METODISTAS (1889), HINO 53

PARA REFLETIR: Êx 20.3-6; Dt 27.15; Is 44.9-20; Jr 10.3; 1Co 10.19-23

(Justino mostra o contraste entre o culto cristão e o pagão.)

Os cristãos aprenderam que Deus não precisa de oferendas materiais que os seres humanos podem lhe apresentar, visto que ele mesmo é o provedor de tudo. E nós aprendemos e estamos convencidos de que Deus aceita os que imitam as qualidades superiores que nele residem: temperança, justiça e amor por todas as pessoas. E nós aprendemos que no início Deus, por sua benevolência, criou todas as coisas em prol da humanidade. Se com suas obras os cristãos se mostrarem fiéis aos desígnios de Deus, eles reinarão com ele, livres da corrupção e do sofrimento. Como no início, Deus nos criou a partir de nada preexistente; assim também, os que optam pelo que é do agrado dele receberão a incorruptibilidade e a companhia dele. Pois passar a existir no início não estava ao nosso alcance, e para que possamos fazer as escolhas que a ele agradam, mediante as faculdades racionais por ele concedidas, ele nos persuade e nos conduz para a fé.

Primeira apologia de Justino Mártir, cap. 10

Ouvindo o nome de Jesus,
Que todo joelho se dobre
E toda língua o proclame,
O Rei que de glória se cobre;
Para prazer do próprio Pai,
Devemos chamar de Senhor
Aquele que desde o princípio
Já era a Palavra e o amor.

Caroline Maria Noel (1817–1877),
Hinário

PARA REFLETIR: 1Cr 16.23-36; Ne 9.4-15; Jó 9.8-9; 38.4-38; Is 45.7-18

Que pessoa séria, então, não reconhecerá que não somos ateus? Nós adoramos o Criador do universo. Declaramos, como aprendemos, que Deus não precisa de rios de sangue, de libações ou de incenso. Com oração e ação de graças nós o louvamos por tudo o que ele nos deu. Aprendemos que a honra digna de Deus não consiste em queimar no fogo do altar o que ele concedeu apenas para usarmos em nosso próprio benefício e dos necessitados. Com gratidão apresentamos nossos agradecimentos a Deus. Com orações e hinos rendemos-lhe graças por nossa criação, pela saúde, pelos atributos das múltiplas coisas, e pelas cambiantes estações. Com fé apresentamos-lhe petições por nossa ressurreição para a incorruptibilidade. Nosso mestre em tudo é Jesus Cristo. Ele nasceu para isso e foi crucificado sob Pôncio Pilatos na época de Tibério César. Nós com justiça o adoramos, tendo aprendido que ele é o Filho do verdadeiro Deus. Nossos delatores dizem que nossa loucura consiste em chamar um crucificado de Filho do imutável e eterno Deus, o Criador de todas as coisas.

PRIMEIRA APOLOGIA DE JUSTINO MÁRTIR, CAP. 13

Amor divino! Que foi que fizeste?
Morreste por mim, meu Deus imortal?
O Filho coeterno do Pai celeste
Meu pecado assumiu na cruz fatal.
O Deus imortal, por mim imolado,
Meu Senhor e amor foi crucificado.

COLETÂNEA DE HINOS PARA USO DAS PESSOAS DENOMINADAS METODISTAS (1889), HINO 28

PARA REFLETIR: Ed 9.5-8; Sl 76.11; 96.8; Mc 8.27-33; 9.2-9; 1Co 1.17-31; Ap 14.7; 19.10

(Justino discute o batismo, também conhecido como iluminação.)

Todos os que estão convencidos e acreditam na verdade do que ensinamos, e desejam viver segundo o que aprenderam, são instruídos a orar e suplicar a Deus com jejum para a remissão de seus pecados no passado. Nós oramos e jejuamos com eles. Então, em nome de Deus, o Pai e Senhor do universo, e de nosso Senhor Jesus Cristo, e do Espírito Santo, eles recebem a ablução com água. Cristo nos ensinou: "Se alguém não nascer de novo, não poderá entrar no reino de Deus". Para podermos vir a ser os filhos da escolha e do conhecimento e obter no batismo a remissão de pecados previamente cometidos, pronuncia-se sobre quem escolhe nascer de novo e se arrependeu de seus pecados o nome de Deus, o Pai e Senhor do universo. Essa ablução é chamada iluminação, porque os batizados são iluminados em seu entendimento. E em nome de Jesus Cristo, que foi crucificado sob Pôncio Pilatos, e em nome do Espírito Santo, que por meio dos profetas tudo predisse sobre Jesus, aquele que é iluminado é lavado.

PRIMEIRA APOLOGIA DE JUSTINO MÁRTIR, CAP. 61

Cristo em mim, Cristo comigo,
Na quietude e no perigo;
Cristo na alma de quem me ama,
Na boca do estranho ou amigo.
PATRÍCIO (C. 387–463 D.C.), DA TRAD. DE CECIL F. ALEXANDER
(1889), HINÁRIO

PARA REFLETIR: Jo 3.1-13; At 9.18; 10.1-48; Rm 6.1-18; Ef 4.1-7; 5.25-27; Cl 2.9-15

(Justino descreve a cerimônia da Ceia do Senhor, a Eucaristia.)

Depois de lavar aquele que foi persuadido e que aceitou nossos ensinamentos, nós o levamos para o local onde estão reunidos os assim chamados irmãos. Fazemos fervorosas orações por nós mesmos, pelos batizados e por todos em toda parte. Terminadas as orações, saudamos uns aos outros com um beijo. Em seguida são apresentados, ao presidente dos irmãos reunidos, pão e uma taça de vinho misturado com água. Ele, tomando-os, dá louvor e glória ao Pai do universo pelo nome do Filho e do Espírito Santo. Rende graças de considerável duração para sermos considerados dignos de receber essas dádivas das mãos de Deus. Assim que conclui as orações e as ações de graça, todos os presentes expressam sua anuência dizendo: "Amém". E depois que o presidente deu graças, e todos expressaram seu consentimento, os assim chamados diáconos dão a cada um o pão e o vinho misturado com água. Eles também levam uma porção aos ausentes.

Primeira apologia de Justino Mártir, cap. 65

Que teu sangue por amor derramado
E teu santo corpo todo ferido,
Sejam para mim, Senhor amado,
Prova de amor incontrovertido;
E se tua vida entregaste por mim,
Por ti a minha viverei até o fim.

Hino grego, da trad. de John Brownlie (1907),
Hinário

PARA REFLETIR: Lc 22.1-20; Rm 16.16; 1Co 11.23-29; 16.20; 2Co 13.12; 1Ts 5.26; 1Pe 5.14

◇◇◇◇◇◇ **55** ◇◇◇◇◇◇

(Justino Mártir continua sua discussão sobre a Eucaristia.)

Esse alimento se chama entre nós de Eucaristia. Só pode dele partilhar quem acredita que nossos ensinamentos são verdadeiros, quem foi lavado com o banho para a remissão dos pecados para a regeneração, e quem pratica as instruções de Cristo. Não recebemos a Eucaristia como pão e bebida comuns. Nós a recebemos como sendo Jesus, nosso Salvador, que, tendo encarnado pela palavra de Deus, tinha ambos, a carne e o sangue, para nossa salvação. Assim também nos ensinaram que o alimento que é abençoado pela oração de sua palavra, e do qual, mediante a transformação, nosso sangue e nossa carne se nutrem, é a carne e o sangue daquele mesmo Jesus encarnado. Pois os apóstolos, nas memórias registradas por eles, que são os Evangelhos, nos transmitiram o que lhes foi recomendado: Jesus tomou o pão e, depois de dar graças, disse: "Façam isto em memória de mim; isto é o meu corpo". De igual maneira, tendo tomado o cálice, deu graças e disse: "Isto é o meu sangue", e ofereceu somente a eles.

PRIMEIRA APOLOGIA DE JUSTINO MÁRTIR, CAP. 66

Pelos espinhos cravados na testa,
Por teus pregos e profundas feridas,
Pela dor e morte agora me resta
De ti, Cristo, exigir amor sem bridas;
E se tua vida entregaste por mim,
Por ti a minha viverei até o fim.
HINO GREGO, DA TRAD. DE JOHN BROWNLIE (1907),
HINÁRIO

PARA REFLETIR: Mt 26.14-35; Lc 22.19-20; Jo 13.1-30; 1Co 11.23-32

◇◇◇◇◇◇ **56** ◇◇◇◇◇◇

(Justino Mártir descreve o culto semanal dos cristãos.)

A todo tempo relembramos uns aos outros tudo o que Cristo ensinou e fez. E os abastados entre nós ajudam os necessitados. Sempre nos mantemos unidos, e por todas as coisas que temos à disposição agradecemos ao Criador de tudo por meio de seu Filho Jesus Cristo e do Espírito Santo. E no dia chamado domingo, todos os que moram na cidade ou no campo se reúnem em um único lugar, e as memórias dos apóstolos [i.e., os quatro Evangelhos] ou os escritos dos profetas são lidos enquanto o tempo permitir; então, quando o leitor se cala, o presidente da assembleia toma a palavra e recomenda a imitação das coisas boas ouvidas durante a leitura.

Primeira apologia de Justino Mártir, cap. 67

Aqui conosco vem na fé exaltar
O Deus ressuscitado e amigo;
Faz nosso coração te ouvir cantar
Dizendo: "A paz seja contigo".

Depois, atentos, vamos com esforço
As Escrituras decifrar;
Contemplando os mistérios, vamos todos
Ocultos tesouros encontrar.

Tu escolheste por nós sofrer na cruz
E ressuscitaste de novo;
Instrui, confirma e instiga a nossa luz,
E santo e sábio faz teu povo.

James Montgomery (1771–1854), Hinário

PARA REFLETIR: Jo 15.1-8; 1Co 3.1-23; 14.26-33; Ef 1.15-23

(Justino Mártir continua sua descrição do culto semanal.)

Depois nos levantamos todos e oramos, e como dissemos antes, terminada a oração, pão, vinho e água são trazidos para a Eucaristia, e o presidente da assembleia de igual modo oferece orações e ações de graça, segundo sua capacidade, e as pessoas concordam, dizendo: "Amém". Em seguida distribui-se pão e vinho a cada um. Aos ausentes, uma porção da Eucaristia é enviada pelos diáconos. E os que são abastados, e estão dispostos a isso, doam então o que cada um considera apropriado. O que se coleta é entregue ao presidente, que o emprega para prover aos órfãos, às viúvas, aos que, por doença ou alguma outra razão, estão necessitados, aos que estão presos e aos estrangeiros que temporariamente residem entre nós.

Domingo é o dia em que todos celebramos nossa assembleia comum porque é o primeiro dia em que Deus, depois de causar uma mudança nas trevas e na matéria, criou o mundo. E Jesus Cristo, nosso Salvador, nesse mesmo dia ressuscitou dos mortos. Ele foi crucificado no dia anterior ao de Saturno [no sábado]; e no dia seguinte ao de Saturno, que é o dia do Sol, tendo aparecido a seus apóstolos e discípulos, ele lhes ensinou essas coisas.

Primeira apologia de Justino Mártir, cap. 67

Vem! Vamos juntos e numa só voz
Com hinos seu trono exaltar;
Este é o dia que Senhor ressurreto
Fez seu e voltou a exultar.
Coletânea de hinos para uso das pessoas denominadas
metodistas (1889), hino 954

PARA REFLETIR: Mt 28.1-10; Mc 16.1-11; Lc 24.1-12; Jo 20.1-10

ATENÁGORAS

Por volta do ano 177 d.C., Atenágoras (c. 133–190), que se autodenominava o filósofo ateniense e cristão, escreveu *Petição em favor dos cristãos*. Era uma apologia em defesa dos cristãos acusados, por seus opositores, de três crimes: ateísmo, canibalismo e incesto. Basicamente, o fato de o culto cristão acontecer longe do olhar do público e a participação na Ceia do Senhor se restringir aos que fossem batizados deu azo a muitas suspeitas e acusações. O ódio contra os cristãos veio em seguida. Com o passar do tempo, conforme a influência cristã aumentava e o culto pagão diminuía, os cristãos eram responsabilizados por fracassos militares, terremotos, doenças, carestias e invasões de bárbaros. Numa obra tardia, *Sobre a ressurreição dos mortos*, Atenágoras defendeu a esperança cristã na ressurreição, assim como fizera anteriormente o apóstolo Paulo em Atenas. Devemos apresentar outra razão importante para a perseguição dos cristãos. A participação na vasta estrutura religiosa pagã, que incluía o culto do imperador, era uma expressão da *pietas* romana [piedade coletiva], da lealdade à unidade, do poder e grandeza do Império. A prática religiosa pagã solapava todos os aspectos da vida pública e privada, inclusive comércio, banquetes e festivais, e a participação em associações e guildas comerciais. A recusa de participar da *pietas* e apoiá-la era logo vista como subversiva. Assim, porque os cristãos se recusavam a participar de práticas pagãs e apoiar o culto ao imperador, e porque se espalhavam boatos sobre atos repulsivos praticados durante encontros secretos da Eucaristia, eles eram tidos como uma superstição. As superstições buscavam, de modo imoderado e perigoso, o conhecimento do divino extrapolando os limites aceitáveis da razão e religião. Portanto, os cristãos eram acusados de subverter a unidade social, isto é, de serem traidores do Império.

Muito pouco sabemos sobre Atenágoras. Era de Atenas e, como Justino, depois de tornar-se cristão continuou a referir-se a si mesmo como filósofo. É reconhecido por seu bem realizado estilo como escritor. Sua demonstração da Trindade, embora não tão refinada como a doutrina que viria mais tarde, é basicamente sólida. Como Justino, identificou algumas semelhanças positivas entre os filósofos e as crenças cristãs. Mas ele também observou que os filósofos muitas vezes se contradiziam porque o ensinamento deles provinha da própria cabeça, e não da revelação divina.

Mediante a apresentação das doutrinas que adotamos como não tendo origem humana, mas transmitidas e ensinadas por Deus, nós os convenceremos a não nos ver como ateus. Quais são as doutrinas nas quais fomos criados? "Eu lhes digo: amem os seus inimigos, abençoem quem os amaldiçoa e orem por quem que os persegue, para que vocês sejam filhos de seu Pai, que está no céu. Pois ele dá a luz do sol tanto a maus como a bons e faz chover tanto sobre justos como injustos." Entre nós, vocês encontrarão pessoas sem instrução, artesãos e mulheres idosas que, embora não saibam provar com palavras os frutos de nossa doutrina, todavia com suas obras mostram os frutos que provêm da convicção sobre sua verdade. Não ensaiam discursos, mas mostram boas obras; quando golpeados, não revidam a ofensa; quando roubados, não recorrem à lei; doam a quem lhes pede e amam seu próximo como a si mesmos.

ATENÁGORAS, *PETIÇÃO EM FAVOR DOS CRISTÃOS*, CAP. 11

Ó Deus, que preparaste para os que te amam coisas tão boas que ultrapassam todo o entendimento humano, derrama em nosso coração tamanho amor por ti que nós, amando-te em todas as coisas, obtenhamos tuas promessas, que vão além de tudo que podemos desejar, por Jesus Cristo, nosso Senhor. Amém.

"SEXTO DOMINGO DEPOIS DA TRINDADE", COLETA, LOC DA ESCÓCIA (1637)

PARA REFLETIR: Mt 5.20-48; Lc 6.27-28; 1Co 1.18-31

Sobre não oferecermos sacrifícios aos seus deuses, o Artífice e Pai deste universo não precisa de sangue. Não precisa do cheiro de sacrifícios queimados ou da fragrância de flores e incenso. Pois ele mesmo é a fragrância perfeita, não carecendo de nada interior ou exterior. E o mais nobre sacrifício para ele consiste em reconhecermos Aquele que estendeu e abobadou os céus e fixou a terra em seu lugar como centro. Ele juntou a água nos mares e separou a luz das trevas; adornou o céu com estrelas e fez a terra produzir todo tipo de semente; criou animais e plasmou a humanidade. Acreditamos que Deus é o Artífice de todas as coisas. Ele preserva a existência delas e a tudo governa e dirige com seu conhecimento e habilidade.

Atenágoras, Petição em favor dos cristãos, cap. 13

Criaturas todas, ao Deus soberano
Cantai conosco um forte hino ufano:
Aleluia! Aleluia!
Tu, ardente sol, com teu raio dourado,
Tu, branda lua, com teu fulgor prateado.

Toda criatura abençoe seu Senhor
E humilde o adore com louvor
E mais louvor! Aleluia!
Louvor seja ao Pai e ao Filho divino,
Com o Espírito do Deus uno e trino!

Francisco de Assis (1182–1226),
STTL, nº 77

PARA REFLETIR: Is 40.21-31; Rm 12.1-2; Cl 2.15-19; 3.1-17; Ap 2.18-23

Belo sem dúvida é o mundo, distinguindo-se por sua magnitude bem como pela disposição de suas partes. Não é a este mundo, porém, mas sim ao seu Criador, que devemos adorar. Pois quando alguns de seus súditos se apresentam a vocês, eles lhes prestam homenagens como seus governantes e soberanos, dos quais conseguirão aquilo de que necessitam. Se por acaso passam por sua régia residência, eles endereçarão de passagem um olhar de admiração à sua bela estrutura. Mas é para vocês em pessoa que eles honram como sendo "tudo em tudo".

O mundo é um instrumento afinado e move-se em perfeito compasso. O Ser a quem adoro deu ao mundo sua harmonia, e toca sua música e canta sua harmoniosa melodia. Mas eu não adoro o instrumento. Em concursos de música, os jurados não ignoram os alaudistas e coroam os alaúdes. Como diz Platão, o mundo é um produto de arte divina. Admiro sua beleza, mas adoro seu Criador.

ATENÁGORAS, *PETIÇÃO EM FAVOR DOS CRISTÃOS*, CAP. 16

Louvai o Senhor, ó céus, e adorai!
Louvai-o, anjos nas alturas!
Sol e lua, diante dele exultai!
Louvai-o estrelas, luzes puras!
Louvai o Senhor que, com sua palavra,
Mundos sua forte voz dobrou;
Leis sempre obedecidas, de sua lavra,
Para guiá-los decretou.

ANÔNIMO (C. 1801), HINÁRIO

PARA REFLETIR: Sl 19.1-10; Is 42.5-12; 45.5-12; Jr 10.6-13; Cl 1.16-20

(Atenágoras responde a acusações de que os cristãos são condenáveis por muitos crimes.)

A vida dos cristãos se volta para Deus como seu soberano, para que, diante dele, cada um de nós seja inocente e irrepreensível. Não cogitaremos nem sequer o mais leve pecado. Pois se acreditássemos que a vida se limita apenas ao estado presente, então poderíamos ser suspeitos de pecar, sendo escravos da carne e do sangue, ou dominados pela visão do lucro e do desejo carnal. Mas sabemos que Deus é testemunha de tudo o que pensamos e dizemos, de noite bem como durante o dia, e que, sendo ele próprio luz, enxerga todas coisas em nosso coração.

Estamos convencidos de que, quando formos retirados da vida presente, viveremos outra vida, melhor que a presente, vida celestial e não terrena (pois estaremos próximos de Deus e com Deus, livres de qualquer mudança ou sofrimento na alma). Por essas razões é improvável que escolhamos praticar o mal ou nos entregar ao supremo Juiz para sermos punidos.

ATENÁGORAS, PETIÇÃO EM FAVOR DOS CRISTÃOS, CAP. 31

Minha alma, aborda a sé da compaixão,
Onde Jesus ouve quem ora;
Ali, humilde, ajoelha-te no chão;
Ninguém vai perecer agora.

Tua promessa é meu único argumento:
Com ela ouso ser mais seu;
Tu convidaste as almas em tormento,
E assim, Senhor, me sinto eu.

JOHN NEWTON (1725–1807), HINÁRIO

PARA REFLETIR: Rm 8.1-16; 1Co 15.13-20,34-58; 1Jo 3.1-11

Estamos tão distantes da prática do comportamento promíscuo que para nós não é legítimo sequer ceder a um olhar lascivo. "Pois", diz o Senhor, "quem olhar para uma mulher com cobiça já cometeu adultério com ela em seu coração." Nós, portanto, somos proibidos de olhar para qualquer coisa que não seja o objeto para o qual Deus nos deu os olhos, que foram concebidos para nos serem luz. Como pode alguém duvidar de que praticamos a temperança, se consideramos que qualquer olhar lascivo é adultério (os olhos tendo sido concebidos para outro fim) e que teremos de prestar contas de nossos pensamentos? Nossa primeira responsabilidade não consiste nas leis humanas, que uma pessoa perversa pode burlar; nós temos uma lei segundo a qual a medida da retidão moral consiste em tratar o próximo como a nós mesmos.

Atenágoras, Petição em favor dos cristãos, cap. 32

Ó Senhor Soberano e Todo-poderoso, que estás sentado sobre os querubins e és glorificado pelos serafins; que fizeste os céus e os adornaste com constelações de estrelas; que colocaste uma hoste de anjos nas alturas dos céus para entoar-te louvores para sempre; nós te suplicamos que repilas de nossa mente os tenebrosos ataques do pecado e que a alegres com o esplendor divino do teu Espírito Santo. Perdoa-nos todos os pecados por tua generosa e insondável bondade, pela graça, misericórdia e amor do teu Filho unigênito. Amém.

A divina liturgia do santo apóstolo e evangelista Marcos

(antes de 200 d.C.)

PARA REFLETIR: Mt 5.27-32; 1Co 10.1-14; Gl 5.13-26

Sendo esse nosso caráter, como pode alguém em sã consciência dizer que somos assassinos? Nós, que acreditamos que ver alguém sendo morto em lutas de gladiadores ou em combates com feras é o mesmo que matar um ser humano, temos repudiado tais espetáculos para não incorrer em culpa ou contaminação; como podemos nós cometer um assassinato? E quando dizemos que mulheres que utilizam drogas para provocar um aborto cometem assassinato e prestarão contas a Deus por isso, por que razão lógica poderíamos cometer assassinatos? Não tem cabimento a mesma pessoa considerar o feto no ventre como uma pessoa, digna do cuidado divino, e depois, quando ela nasce, matá-la. Nós não abandonamos um infante ao léu, pois os que assim fazem são culpados de infanticídio.

ATENÁGORAS, *PETIÇÃO EM FAVOR DOS CRISTÃOS*, CAP. 35

Sê tu minha Palavra e Sensatez;
Eu teu, tu meu, o imenso amor nos fez.
Tu és, só tu, o meu amor primeiro,
Grande Rei, meu tesouro verdadeiro.
Ó grande Rei celeste, que eu, vitorioso,
Desfrute no céu teu brilho glorioso.
Meu coração, o que quer que aconteça,
Que em minha visão teu brilho apareça.
HINO IRLANDÊS (C. SÉC. 8 D.C.), DA TRAD. DE MARY E. BYRNE (1905), STTL, Nº 460

PARA REFLETIR: Mt 5.13-16,21-24; Rm 13.7-14; 2Co 6.14-18; Ef 5.1-21

◇◇◇◇◇◇◇ **64** ◇◇◇◇◇◇◇

(Atenágoras discute a ressurreição dos mortos.)

O poder de Deus é suficiente para ressuscitar os mortos. A prova disso é a criação de nosso corpo. Antes que os seres humanos existissem, Deus optou por criá-los com todos os seus elementos componentes originais. Portanto, quando eles são corrompidos pela morte, seja qual for a causa dela, Deus os ressuscitará de novo com igual facilidade. Pois, assim como a criação original, a ressurreição também é possível para Deus. O poder divino que foi capaz de dar forma à matéria informe e dar vida àquilo que antes não a tinha pode reunir o que está dissolvido e ressuscitar o que está sepultado. Deus pode restaurar os mortos para a vida e transformar o corruptível em incorruptível.

ATENÁGORAS, SOBRE A RESSURREIÇÃO DOS MORTOS, CAP. 3

Deus Todo-poderoso, que por meio do teu santo apóstolo nos ensinaste a fixar a atenção nas coisas do alto, concede-nos labutar nesta vida de tal modo que sempre tenhamos consciência de que somos cidadãos daqueles lugares celestiais para onde foi antes de nós Cristo, nosso Salvador; que vive e reina contigo e com o Espírito Santo, um só Deus, por toda a eternidade. Amém.

"VÉSPERA DA ASCENSÃO", COLETA, LOC ESCOCÊS (1929)

PARA REFLETIR: Jo 11.1-27; At 2.22-36; 1Co 15.1-58

TEÓFILO DE ANTIOQUIA

Por volta do ano 180 d.C., Teófilo († c. 183–185 d.C.), bispo de Antioquia, escreveu três tratados para seu amigo Autólico, num esforço de convencê-lo a tornar-se cristão. Escreveu também outros livros que se perderam. Criado como pagão, Teófilo tornou-se cristão depois de refletir sobre as Escrituras. Por volta do ano 169, sucedeu Cornélio como bispo de Antioquia. O historiador de doutrinas Justo González afirma que Teófilo foi o primeiro autor cristão a empregar o termo "trindade" referindo-se ao Pai, Filho e Espírito Santo[*] Segundo Teófilo, somente os puros de coração conseguem ver Deus.

Teófilo teve uma formação grega. Mas, ao contrário de alguns outros apologistas, não estudou filosofia. Alegava não dominar a retórica. Não levava em conta o que os filósofos ensinavam sobre Deus, considerando as opiniões deles e a dos poetas contraditórias e, portanto, inúteis. Uma vez que os filósofos e os poetas não tiveram o benefício da revelação, pensava Teófilo, eles emitiam ideias sem valor algum. Diferentemente das histórias e fábulas tolas adotadas pelos pagãos, os profetas do Antigo Testamento foram inspirados pelo Espírito. Santos e justos, eles receberam sua sabedoria de Deus.

O estilo de escrita de Teófilo é descrito como vivaz, imaginativo e original; sua expressão, como elegante e clara. O estilo aparece bem quando Teófilo satiriza o culto pagão, expondo de forma cirúrgica as genealogias contraditórias dos deuses e desprezando sua desavergonhada imoralidade (Saturno é um canibal, Júpiter é incestuoso e adúltero, Hércules queima a si mesmo, Baco é um beberrão briguento e Apolo teme Aquiles e foge dele). Em muitos pontos, sua aguçada análise se torna humorística (os egípcios são descritos como adoradores de bacias de lavar).

---

[*] Justo Gonzáles, *A History of Christian Thought, Vol. 1: From the Beginnings to the Council of Chalcedon* (Nashville: Abingdon Press, 1970), p. 117.

Para ver Deus, os olhos de sua alma devem saber enxergar, e os ouvidos de seu coração, saber ouvir. Os que só olham com os olhos do corpo enxergam apenas objetos terrenos e o que diz respeito a esta vida. Os seres humanos distinguem coisas diferentes: luz ou trevas, branco ou preto, belo ou deformado, bem proporcionado e simétrico ou desproporcionado e esquisito, ou monstruoso ou mutilado. Assim também, pelo sentido da audição nós distinguimos entre sons agudos, profundos ou suaves. O mesmo se aplica aos olhos da alma e aos ouvidos do coração. Por meio deles, os cristãos conseguem contemplar Deus. Todos têm olhos, mas em algumas pessoas eles estão encobertos por cataratas e não conseguem ver a luz de Deus.

TEÓFILO DE ANTIOQUIA, *A Autólico*, LIVRO I, CAP. 2

Pai santo, grande Criador,
Fonte de mercê e amor,
Contempla o teu Mediador,
Veste-nos de mente boa;
Pai celeste,
Por Jesus, ouve e abençoa.

Senhor Deus e Rei em cada nação,
Faz brilhar tua compaixão!
No canto de tua salvação
Vamos línguas e raças unir!
Grande Senhor,
Vem nosso coração possuir.

ALEXANDER V. GRISWOLD (1766–1843),
HINÁRIO

PARA REFLETIR: Sl 46.10; 139.1-18; Pv 1.7; 2.3-9; 9.1-6; Jo 3.1-13; 1Co 1.19-25

◇◇◇◇◇◇ **66** ◇◇◇◇◇◇

Deus é Senhor, porque domina o universo; Pai, porque existe antes de tudo; Autor e Artífice, porque é o Criador e Feitor do universo; Altíssimo, porque está acima de tudo; e Todo-poderoso, porque ele mesmo tudo governa e abrange. Pois as alturas dos céus, as profundezas dos abismos e os confins da terra estão em suas mãos. Os céus são obra sua; a terra é sua criação; o mar é produto de seu trabalho manual; a humanidade é sua formação e imagem; o sol, a lua e as estrelas são seus elementos, criados como sinais, estações, dias e anos, para servir à humanidade; e todas as coisas Deus criou a partir do que não existia, passando a ser coisas que existem, a fim de que, por meio de suas obras, sua grandeza possa ser conhecida e entendida.

Teófilo de Antioquia, A Autólico, livro i, cap. 4

Louvor a ti, meu Deus, Criador e Redentor;
Em grata devoção, tributo te prestamos,
Depondo-o a teus pés, bendizendo teu favor;
E com adoração teu nome cantamos.

Em uníssono coro a ti damos louvor,
Cantando a gratidão com voz fremente;
Teu braço forte nos guia, Deus está conosco,
Ao grande Redentor, louvor eternamente.

Julia C. Cory (1882–1963), Hinário

PARA REFLETIR: Sl 77.14; 89.8-13; 147.5,16,18; Is 45.7-18; 57.11-19; Am 4.13; At 14.15-26; Rm 1.20

Assim como a alma da pessoa não é visível, sendo invisível aos seres humanos, mas é perceptível pelos movimentos do corpo, também Deus não pode ser visto pelo olhar humano, mas é contemplado e percebido em suas obras e providência. De modo semelhante, quando alguém vê um barco no mar, equipado e velejando rumo ao porto, sem dúvida inferirá que há um piloto conduzindo a embarcação. É assim que devemos ver que Deus é o Comandante e Piloto de todo o universo, embora ele não seja visível a olhos físicos. Se uma pessoa não é capaz de fitar o sol, um pequeno corpo celeste, devido a seu excessivo calor e energia, não deverá um mortal ser muito menos capaz de fitar a glória de Deus, que é inexprimível? Pois, como a romã contém dentro de sua casca muitas sementes escondidas e tem dentro dela muitos compartimentos, assim também a criação é contida pelo Espírito de Deus. Acredita-se na existência de um rei terreno, mesmo que ele não seja visto por todos, porque ele é reconhecido por suas leis e decretos, autoridades, forças e estatutos. Você se indispõe a reconhecer Deus em suas obras e poderosos feitos?

TEÓFILO DE ANTIOQUIA, *A AUTÓLICO*, LIVRO I, CAP. 5

Senhor, como são múltiplas as obras
Que fez tua sabedoria;
Tua criação é rica e tudo ocupa,
A terra e o mar inebria.

Deus se rejubile em suas obras;
Que proclamem seu louvor
As suas obras, para todo o sempre,
E glorifiquem o Criador.
O SALTÉRIO: COM LEITURAS RESPONSIVAS (1912), N° 288,
HINÁRIO

PARA REFLETIR: Jó 37.6-24; Sl 37.7-10; 65.9-13; 98.6-8; 104.10-34; 111.1-10; Mt 6.26-34

Este é o meu Deus, o Senhor de tudo, que sozinho estendeu os céus e embaixo deles estabeleceu a amplitude da terra; que agita as profundas cavernas do mar e faz rugir suas ondas; que controla seu poder e acalma as vagas turbulentas; que ancorou a terra sobre as águas e deu a ela um espírito para alimentá-la; o sopro dele proporciona luz ao todo, que entraria em completo colapso se ele o subtraísse. Por ele você fala, Autólico; pelo sopro dele você respira, e no entanto você não o conhece devido à cegueira de sua alma e à dureza de seu coração. Mas, se quiser, você pode ser curado. Entregue-se ao Médico, e ele restaurará os olhos de sua alma e de seu coração. Quem é esse Médico? Deus, que cura e dá vida por intermédio de sua palavra e sabedoria.

Teófilo de Antioquia, A Autólico, livro 1, cap. 7

Pela beleza da terra,
Pela glória celeste,
Pelo amor que nos encerra
Por tudo de leste a oeste.

Por tu mesmo, ó dádiva sublime,
Que o céu ao mundo deu,
Agente do grande plano divino:
Paz aqui, alegria no céu.

A ti elevamos, ó Cristo Senhor,
Este hino de gratidão e louvor.

Folliott Pierpoint (1835–1917),
Hinário

PARA REFLETIR: Sl 23.1-5; 33.6; 65.6; 74.16-17; 90.2; Mt 9.27-31; 15.30-31; Jo 7.32-44; Cl 1.14-17

O primeiro princípio em todas as coisas é a fé. Pois que agricultor pode colher, se primeiro não confiar à terra a sua semente? Ou quem consegue atravessar o mar, se primeiro não depositar sua confiança no barco e no marinheiro? E que pessoa enferma pode ser curada, se primeiro não se puser sob os cuidados do médico? E que conhecimento ou arte pode alguém adquirir, se primeiro não se aplicar e se puser nas mãos do professor? Se, portanto, o agricultor confia na terra, o marinheiro no barco e o enfermo no médico, você não depositará sua confiança em Deus, mesmo quando já deve tanto à mão dele? Pois ele primeiro o criou a partir do nada, deu-lhe a existência e o introduziu na vida. Não consegue acreditar que o Deus que fez você é capaz também de recriá-lo na ressurreição?

Teófilo de Antioquia, A Autólico, livro i, cap. 8

Ó Deus, tu és a força de todos os que depositam em ti sua confiança. Misericordioso, aceita nossas orações; e, uma vez que em nossa fraqueza nada de bom podemos fazer sem ti, concede-nos o auxílio de tua graça, a fim de que, observando teus mandamentos, agrademos a ti em nossa vontade e em nossas ações; por Jesus Cristo, nosso Senhor, que vive e reina contigo e com o Espírito Santo, um só Deus, para todo o sempre. Amém.

"Sexto domingo depois da Epifania", Coletas:
contemporâneas, LOC

PARA REFLETIR: Sl 18.1-29; 37.3-39; Mt 6.25-34; Lc 12.22-32;
Hb 11.1—12.2

Parece-me absurdo que escultores e entalhadores, pintores ou moldadores desenhem e pintem, entalhem, moldem e fabriquem deuses, que, depois de produzidos por artesãos, são considerados inúteis. Mas, tão logo são comprados e colocados em algum assim chamado templo ou em alguma casa, não apenas os que os compraram lhes oferecem sacrifícios, mas também os que os fizeram e venderam vêm com muita devoção, trazendo implementos para sacrifícios e libações a fim de os adorar. E eles os reconhecem como deuses, sem perceber que ainda são exatamente como eram quando os fabricaram da pedra, do bronze, da madeira, da tinta ou de algum outro material.

Quando gregos e romanos apresentam as histórias e genealogias dos tais deuses, pensam neles como humanos em sua origem. Mas em seguida eles os chamam deuses e os adoram, sem refletir ou entender que, ao nascer, esses deuses não eram mais humanos que aqueles das histórias e genealogias.

Teófilo de Antioquia, A Autólico, livro 2, cap. 2

Deus Todo-poderoso, concede-nos a graça de lançar fora as obras das trevas e vestir a armadura da luz, agora durante esta vida mortal em que teu Filho Jesus Cristo veio nos visitar com grande humildade, para que no último dia, quando ele vier de novo em glória e majestade para julgar os vivos e os mortos, nós ressuscitemos para a vida imortal; por meio daquele que vive e reina contigo e com o Espírito Santo, um só Deus, agora e para todo o sempre. Amém.

"Primeiro domingo do Advento", Coletas:
contemporâneas, LOC

PARA REFLETIR: Sl 96.5; 115.4-8; 135.15-18; Is 44.9-20; 46.1-7; Jr 10.11-15

Não seria nenhuma maravilha se Deus criasse o mundo a partir de coisas já existentes. Até um artesão humano, quando consegue o material, faz dele o que lhe aprouver. Mas o poder de Deus se manifesta nisto: de coisas que não existem, ele cria o que lhe apraz. Dar vida e mobilidade pertence a Deus somente. Os seres humanos conseguem criar imagens sem vida, mas não conseguem transmitir razão, fôlego e sentimento aos deuses por eles criados. Só Deus tem esse poder, e o tem em excesso. Ele cria seres humanos e lhes confere razão, vida e sensibilidade. Em todas estas coisas Deus é mais poderoso que os seres humanos, e assim é também nisto: de coisas que não existem, Deus cria coisas que existem, e cria tudo o que lhe apraz.

Teófilo de Antioquia, *A Autólico*, livro 2, cap. 4

Ó misericordioso Criador, tua mão se abre totalmente para satisfazer as necessidades de cada criatura viva. Faz que sejamos sempre gratos a ti por tua amorosa providência; e concede-nos que, tendo em mente as contas que um dia deveremos prestar, sejamos fiéis mordomos das tuas boas dádivas; por Jesus Cristo, nosso Senhor, que vive e reina contigo e com o Espírito Santo, um só Deus, para todo o sempre. Amém.

"Pela mordomia da Criação", Coletas:
contemporâneas, LOC

PARA REFLETIR: Sl 33.6; 148.5; Jo 1.1-5; Rm 1.19-20; 4.17; Cl 1.16; Hb 11.3

A "ESCOLA" DE ALEXANDRIA

Antes do fim da era do Novo Testamento, igrejas de cidades importantes do Império haviam assumido relevância especial para a missão cristã. Jerusalém e Antioquia são proeminentes no livro de Atos. Com a expansão do evangelho, outras cidades se tornaram centros importantes de obra missionária e vigor teológico. Com o tempo, Cartago, Constantinopla e Roma passariam a desempenhar esses papéis. No segundo século, a igreja do Egito — o "cesto de pão" do Império —, em particular a cidade de Alexandria, tornou-se um destacado centro cristão de evangelismo, ensino e aprendizagem, e também de martírios. Alguns dos mais influentes pais da igreja primitiva estavam sediados em Alexandria. Eles constituem uma "escola" em virtude das distintas similaridades de suas maneiras de entender a fé. Os pais alexandrinos pastorearam o rebanho cristão, defenderam a fé perante seus oponentes judeus e pagãos e, em determinados casos, morreram como mártires. Alguns dos bispos da igreja foram vozes conspícuas em decisões cruciais da igreja.

Tradicionalmente, a igreja do Egito foi associada a João Marcos, a princípio um missionário companheiro de Paulo e Barnabé e mencionado como autor do segundo Evangelho. A perseguida Igreja Ortodoxa Copta do Egito ensina que Marcos pregou o evangelho no Egito durante o reinado do imperador Nero (54–68 d.C.) e lá estabeleceu a igreja. A igreja do Egito com razão se orgulha de Atanásio (c. 296–373 d.C.), que desempenhou papel decisivo na defesa da ortodoxia no Concílio de Niceia.

Exploraremos a seguir três pais da igreja associados à igreja e escola de Alexandria.

CLEMENTE DE ALEXANDRIA

No alvorecer do terceiro século, nenhuma cidade do Império Romano se igualava a Alexandria, no Egito, como centro de erudição e cultura. Em parte devido à sua localização geográfica, essa cidade foi cenário de uma convergência de raças, religiões e filosofias. Foi um dos grandes centros comerciais do Império. Estabelecida em 332 ou 331 a.C. por Alexandre Magno, tornou-se famosa por seus notáveis feitos culturais. Sua renomada biblioteca, cujos diretores estavam entre os intelectuais mais completos do mundo, chegou a abrigar setecentos mil volumes. O museu da cidade funcionava como uma universidade e atraiu uma comunidade de intelectuais eminentes. A filosofia e as ciências floresceram. Alexandria acolheu a mais esclarecida colônia de judeus da diáspora. Eles absorveram a atmosfera da ciência e da filosofia grega (especialmente Platão) e interpretaram sua própria religião sob os auspícios dos gregos. Em Alexandria as Escrituras judaicas foram traduzidas para o grego, o que resultou na versão conhecida como Septuaginta. A cidade providenciou uma pátria intelectual para Fílon, um dos maiores filósofos judaicos de todos os tempos, uma espécie de Platão judeu. Alexandria foi também um dos mais importantes centros de especulação do gnosticismo, combinando com criatividade as crenças de numerosas religiões e mitologias.

Apesar de marcantes e intensas perseguições, os cristãos prosperaram em Alexandria. Não surpreende que a cidade tenha se tornado um centro intelectual para a formulação de explicações abrangentes da fé cristã para a igreja e para pagãos curiosos. No final do segundo século, sob a liderança de alguns cristãos de grande talento, foi criada em Alexandria uma escola catequética chamada Didascália, dedicada à instrução de cristãos convertidos. Além de instrução elementar e avançada para cristãos, eram oferecidas palestras para plateias pagãs. Com o tempo, a Escola de Alexandria se tornou a central de energia intelectual da missão cristã numa época em que a igreja de Roma era, comparativamente, um pupilo muito atrasado em relação à igreja do Norte da África.

A Escola de Alexandria viria a interpretar a fé cristã de maneiras tais que se tornariam vigorosamente combatidas em outras partes da igreja. Um mestre cristão chamado Panteno († c. 212 d.C.), outrora um filósofo estoico, foi o fundador da escola. Seu sucessor foi Tito Flávio Clemente, conhecido na igreja como Clemente de Alexandria († c. 215 d.C.). Provavelmente oriundo de Atenas, Clemente logo se tornou um cristão convertido. Procurou instruir-se sobre o cristianismo na Itália, na Síria e na Palestina. Sua busca terminou quando conheceu Panteno. Por volta de 202 d.C., a perseguição o obrigou a deixar Alexandria.

Por meio de suas instruções orais e de seus escritos, Clemente se tornou um dos mestres mais proeminentes dos primórdios da igreja. Tinha grande apreço pela filosofia grega, especialmente por Platão, apreço esse não compartilhado por outros pais da igreja. Usava a razão para articular a fé e interpretar a Bíblia, mas apenas como um instrumento a serviço da fé. A seu ver, o uso da razão é um processo de fé buscando entendimento sob a orientação do Espírito. Os escritos de Clemente de que hoje dispomos são *Exortação aos gregos*, *Pedadogo*, *Miscelânia* e a homilia "Quem é o rico que se salvará?". Outra obra, *Exortação aos recém-batizados*, é com frequência atribuída a Clemente, mas sua autenticidade é duvidosa demais para ser incluída aqui.

Jesus Cristo é a Nova Canção que rapidamente desata as cruéis amarras de demônios tirânicos. A Nova Canção nos leva de volta ao suave e amoroso jugo da piedade. Ela convoca para que voltem para o céu aqueles que haviam sido derrubados por terra. Contemplem o poder da Nova Canção! De pedras e de feras ela fez seres humanos. Aqueles, além disso, que estavam mortos e já não participavam da verdadeira vida voltaram novamente a viver, tão somente por ouvirem a Nova Canção. Essa Canção também compôs o universo em melodiosa ordem e afinou os elementos discordantes num harmonioso arranjo, para que o mundo inteiro se torne harmonia. Pelo Espírito Santo, Cristo, a Nova Canção, afinou o universo, especialmente o corpo e a alma humanos, que são o universo em miniatura.

Clemente de Alexandria, Exortação aos gregos, cap. i

Cantemos ao Senhor nova canção
Por seus milagres na história:
Sua mão direita e o braço forte
Lhe valeram a vitória.

Que ao Senhor a terra inteira
Envie seu alegre clamor,
Soltando a voz, cantando alto,
Deleite-se em seu louvor.

Cantemos ao Senhor ao som
De harpas e salmodia;
Trompas e cornetas proclamem
O Senhor Rei, nosso guia.

Saltério escocês (1650), Hinário

PARA REFLETIR: Êx 15.1-19; Sl 40.1-11; 42.7-11; 96.1-13, Is 35.3 10;
Cl 3.16; Ap 5.1-10

(Clemente satiriza os hinos de iniciação de alguns mistérios pagãos e os contrasta com a música do Senhor.)

À sua imagem Deus fez da humanidade um belo e vivo instrumento musical. E o próprio Senhor, a Palavra celeste, é o todo-harmonioso, melodioso, santo Instrumento de Deus. O que, então, deseja esse Instrumento, a Palavra de Deus, a Nova Canção? Abrir os olhos dos cegos, desobstruir os ouvidos dos surdos, levar os mancos e os extraviados à retidão, mostrar Deus aos tolos, dar fim à corrupção, conquistar a morte e reconciliar os filhos desobedientes com seu Pai. Esse Instrumento de Deus ama a humanidade. O Senhor se compadece, instrui, exorta, adverte, salva, protege e, por sua bondade, nos promete o reino dos céus como recompensa pela aprendizagem. O único lucro que ele aufere é que nós nos salvamos. A perversidade se alimenta da destruição das pessoas; mas a verdade, como a abelha, sem machucar nada, deleita-se apenas na salvação.

CLEMENTE DE ALEXANDRIA, *EXORTAÇÃO AOS GREGOS*, CAP. I

Santo és Tu, ó Deus, nosso Pai, verdadeiramente o único, de quem toda a família nos céus e na terra recebe o nome. Santo és tu, Eterno Filho, por quem todas as coisas foram feitas. Santo és tu, Eterno Espírito, por quem todas as coisas são santificadas. Que tua graça esteja conosco, ó Senhor; purifica-nos de nossas impurezas e santifica nossos lábios. E por todas as tuas dádivas e favores nós devemos te atribuir louvor, honra, ação de graças e adoração, agora e para todo o sempre. Amém.

ADDAI E MARI, A LITURGIA DOS BENDITOS APÓSTOLOS (C. 150 D.C.)

PARA REFLETIR: Sl 8.1-9; 25.8-10; 33.5; 46.1-11; Is 2.3; 63.7; Mt 7.11; Tg 1.17-20; Ap 5.9; 14.3; 15.3

A Nova Canção, essa Palavra, esse Cristo, a causa tanto de nosso ser no início quanto de nosso bem-estar atual, essa mesma Palavra veio agora como ser humano. Só ele é Deus e humano, o Autor de todas as bênçãos. Por ele, por termos sido ensinados a viver bem, somos encaminhados à vida eterna. Pois, de acordo com o inspirado apóstolo do Senhor, "a graça de Deus se manifestou salvadora a todos os homens. Ela nos ensina a renunciar à impiedade e às paixões mundanas e a viver de maneira sensata, justa e piedosa nesta era presente, enquanto aguardamos a bendita esperança: a gloriosa manifestação de nosso grande Deus e Salvador, Jesus Cristo". Ele é a Palavra que no início, como Criador, nos formou e nos deu vida. Depois, ensinou-nos a viver bem quando apareceu como nosso Mestre, a fim de que, sendo Deus, ele nos guie então para a vida que nunca termina. Não foi agora a primeira vez que ele se compadeceu de nós por nossos erros, pois ele se compadeceu desde o início. Mas agora, com sua vinda, perdidos como estávamos, ele nos conseguiu a salvação.

CLEMENTE DE ALEXANDRIA, *EXORTAÇÃO AOS GREGOS*, CAP. I

Ó Deus, que diante da paixão do teu Filho unigênito revelaste sua glória sobre o monte santo, concede-nos que, contemplando pela fé a luz do semblante dele, sejamos fortalecidos para carregar nossa cruz e sejamos transformados à sua semelhança, de glória em glória; por meio de Jesus Cristo, nosso Senhor, que vive e reina contigo e com o Espírito Santo, agora e para sempre. Amém.

"ÚLTIMO DOMINGO DEPOIS DA EPIFANIA", COLETAS: CONTEMPORÂNEAS, LOC

PARA REFLETIR: Is 13.10; 42.10; Jo 1.1-5; 2Co 5.1-19; Gl 3.7-14; Tt 2.11-13; 1Pe 3.8-9

Falando por intermédio do profeta Isaías, Deus diz que há herança para os servos do Senhor. Excelente e desejável é esta herança: não é ouro, nem prata, nem vestuário, que as traças corroem, nem coisas terrenas que são levadas pelo ladrão cujo olhar se fascina por riquezas mundanas; mas é aquele tesouro da salvação em busca do qual devemos correr tornando-nos amantes da Palavra. Esta é a herança à qual a eterna aliança de Deus nos dá direito, transmitindo-nos a dádiva eterna da graça. Assim nosso Pai amoroso, o Pai verdadeiro, não cessa de nos exortar, advertir, ensinar e amar. Pois ele não cessa de nos salvar e de nos recomendar o melhor caminho: "Sejam justos", diz o Senhor.

Clemente de Alexandria, Exortação aos gregos, cap. 10

Ó Senhor Soberano e Todo-poderoso, concede-nos terminar a vida como cristãos, aceitáveis a ti e livres de pecado. Que seja do teu agrado nos dar participação e quota na herança com todos os teus santos. Perdoa todos os nossos pecados em tua abundante e insondável bondade, pela graça, misericórdia e amor do teu Filho unigênito, por quem e com quem sejam dadas glória e poder a ti, com o sumamente santo, bondoso e vivificante Espírito. Amém.

A divina liturgia do santo apóstolo e evangelista Marcos
(antes de 200 d.C.)

PARA REFLETIR: Is 54.17; 55.1; At 20.28-32; 26.15-18; Ef 1.3-14

Todos vocês que estão com sede, venham até a água; e vocês que não têm dinheiro, venham, comprem e bebam sem dinheiro. Ele nos convida para a fonte da purificação, da salvação, da iluminação. Ele praticamente grita e diz: "A terra eu lhe dou, e o mar, meu filho, e o céu também; e todas as criaturas que neles vivem eu lhe concedo. Tão somente, filho, tenha sede do seu Pai; Deus lhe será revelado sem custo nenhum; a verdade dele não é comprada e vendida como mercadoria".

Clemente de Alexandria, Exortação aos gregos, cap. 10

Ó Deus, cujo Filho Jesus é o bom pastor de teu povo, concede que ouçamos a voz dele para que conheçamos aquele que nos chama pelo nome e o sigamos para onde ele nos levar; aquele que vive e reina contigo e com o Espírito Santo, um só Deus, para todo o sempre. Amém.

"Quarto domingo de Páscoa", Coletas:
contemporâneas, LOC

PARA REFLETIR: Is 55.1-3; Jo 4.1-26; 6.35; 7.37-39; Ef 2.5-10

Contemplem por um momento a bondade de Deus. Adão, seduzido por desejos lascivos e desobedecendo a seu Pai, viu-se acorrentado ao pecado. O Senhor então desejou libertá-lo de suas cadeias e, tendo-se feito carne — ó divino mistério! —, derrotou a serpente e escravizou a tirana morte. O mais maravilhoso de tudo foi que os seres humanos, antes enganados pelo prazer e fortemente presos pela corrupção, tiveram as mãos soltas e foram postos em liberdade. Ó portento celestial! O Senhor foi humilhado, e o homem foi exaltado. Portanto, porque a própria Palavra veio do céu até nós, já não precisamos, estou certo disso, ir buscar o saber humano em Atenas ou em qualquer outra parte da Grécia e na Jônia. Pois, se temos como mestre aquele que encheu o universo com suas santas energias na criação, na salvação, na bondade, na lei, nas profecias e nos ensinamentos, então temos o Mestre do qual provém toda instrução.

CLEMENTE DE ALEXANDRIA, *EXORTAÇÃO AOS GREGOS*, CAP. 11

Aleluia, Aleluia, Aleluia!
No fim da luta, a batalha final,
Obtida foi a vitória vital;
No ar ecoa a canção triunfal:
Aleluia!

O poder da morte predominou,
Mas suas legiões Cristo dispersou,
E a santa alegria em nós exultou:
Aleluia!
ANÔNIMO, EM *SYMPHONIA SIRENUM SELECTARUM* (1695),
DA TRAD. DE FRANCIS POTT (1861), HINÁRIO

PARA REFLETIR: Gn 1.1-5; Jo 1.12-14; 17.1-26; Gl 3.28; 6.15

Doce é a Palavra que nos dá luz, mais preciosa que o ouro e as pedras preciosas; é mais desejável que o mel, que as gotas do favo. Pois que mais a Palavra pode ser senão desejável, uma vez que ela encheu de luz a mente que outrora fora sepultada nas trevas? Pois assim como a noite teria encoberto o universo, não houvesse o sol existido, também nós, não houvéssemos sido iluminados por ele, de modo algum seríamos diferentes de galinhas que estão sendo alimentadas e engordadas nas trevas e nutridas para a morte. Deixemos de lado, então, toda ignorância da verdade e, removendo as trevas que atrapalham, contemplemos o único Deus verdadeiro, elevando a voz neste hino de louvor: "Salve, ó Luz! Em nós, sepultados nas trevas, trancados na sombra da morte, a luz brilhou lá dos céus, mais pura que o sol, mais suave que a vida aqui embaixo".

Clemente de Alexandria, Exortação aos gregos, cap. 11

O grande amor de coração exalto,
Quem do seu belo trono lá do alto
Sempre cuidando, atento, de sua raça,
Sobre os homens derrama sua graça.

O nosso Deus, que é misericordioso,
Comprou-nos com o sangue mais precioso,
E para nos salvar com garantia,
Com seu Espírito Puro nos guia.

Anônimo (1800), Hinário

PARA REFLETIR: Sl 19.10; Mt 9.36; 14.14; 18.10-14; Lc 7.11-16; Jo 10.7-15

O "Sol da Justiça" fez do poente amanhecer e, por meio da cruz, transformou a morte em vida. E, tendo arrancado os seres humanos das garras da destruição, ele os elevou às alturas, tornando a mortalidade em imortalidade e trasladando a terra para o céu. Ele, o Lavrador de Deus, conferiu-nos a grande, divina e inalienável herança do Pai. Santificou-nos com seus ensinamentos celestes, gravando suas leis em nossa mente e escrevendo-as em nosso coração. Embora Deus de nada precise, não nos esqueçamos de lhe render a grata recompensa de um coração agradecido e devoto.

Que brilhe então a luz em nossa parte oculta, isto é, o coração; e que os raios do conhecimento surjam para revelar e irradiar a oculta pessoa interior, o discípulo daquele que é a Luz, o amigo e co-herdeiro de Cristo. Especialmente agora que passamos a conhecer o mais precioso e venerável nome do bom Pai, que a um devoto e bom filho dá amáveis conselhos e dele exige o que lhe é benéfico.

CLEMENTE DE ALEXANDRIA, *EXORTAÇÃO AOS GREGOS*, CAP. 11

Ó dia da ressurreição!
Ó terra, divulga aos teus
Que prazer e que alegria
Nos trouxe a Páscoa de Deus.
Da morte para a vida eterna,
Desta terra para os céus,
Nosso Cristo nos transportou,
Transformados em troféus.
JOÃO DAMASCENO (C. 675–749 D.C.), DA TRAD. DE
JOHN M. NEALE (1862), HINÁRIO

PARA REFLETIR: Jr 31.31-34; Lc 1.68-79; Jo 12.42-50; 1Co 15.53-54; Ef 1.3-8; 2.13-22; 5.8,13; 1Ts 4.1-18; Hb 8.10-12

Ah, esse santo e abençoado poder pelo qual Deus se torna companheiro de seres humanos! Muito melhor, então, é tornar-se de imediato imitador e servo do melhor dentre todos os seres; pois só pelo santo serviço alguém conseguirá imitar Deus e servi-lo e adorá-lo. O amor celestial e verdadeiramente divino acontece para os seres humanos da seguinte forma: quando na própria alma a faísca da verdadeira bondade, acesa pela Palavra Divina, consegue explodir em chama, e quando — e isso é de suma importância — a salvação caminha paralela com a obediência sincera, isto é, a escolha e a vida jungidas lado a lado. Portanto, esta exortação que procede unicamente da verdade, como o mais fiel amigo nosso, permanece conosco até nosso último suspiro. Ela é, para o completo e perfeito espírito da alma, o atendente bondoso à medida que subimos para o céu.

CLEMENTE DE ALEXANDRIA, EXORTAÇÃO AOS GREGOS, CAP. 11

Deus Todo-poderoso, cujo Filho, nosso Senhor Jesus Cristo, é a luz do mundo, concede que teu povo, iluminado por tua Palavra e teus Sacramentos, brilhe com o esplendor da glória de Cristo, para que ele seja conhecido, adorado e obedecido até os confins da terra; por meio de Jesus Cristo, nosso Senhor, que vive e reina contigo e com o Espírito Santo, um só Deus, agora e para sempre. Amém.

"SEGUNDO DOMINGO DEPOIS DA EPIFANIA", COLETAS:
CONTEMPORÂNEAS, LOC

PARA REFLETIR: Rm 8.27-31; 1Co 13.12; 2Co 3.16-18; Ef 3.8-21; 2Pe 1.1-6; 1Jo 3.1-3

O que é, então, esta exortação que faço a vocês? Estou instando vocês a se salvarem. Isso é o que Cristo deseja. Numa palavra, ele generosamente lhes concede vida. E quem é ele? Em suma, aprendam que ele é a Palavra da Verdade, a Palavra da incorruptibilidade que regenera as pessoas trazendo-as de volta à verdade. Ele é o aguilhão que nos impele à salvação. Ele expulsa a destruição e exaure o poder da morte. Ele edifica o templo de Deus em seres humanos, para que Deus estabeleça neles sua residência. Portanto, purifiquem o templo; prazeres e diversões deixem para o vento e o fogo como flores murchas. Mas cultivem com sabedoria o domínio próprio e apresentem-se a Deus como oferta, a fim de que sejam considerados dignos do reino de Deus.

CLEMENTE DE ALEXANDRIA, *EXORTAÇÃO AOS GREGOS*, CAP. 11

Deus Todo-poderoso, a quem verdadeiramente conhecer é vida eterna, concede-nos ter plena consciência de que teu Filho Jesus Cristo é o caminho, a verdade e a vida, para que sigamos firmemente seus passos no caminho que conduz à vida eterna; por Jesus Cristo, teu Filho e Senhor, que vive e reina contigo, na unidade do Espírito Santo, um só Deus, para todo o sempre. Amém.

"QUINTO DOMINGO DA PÁSCOA", COLETAS:
CONTEMPORÂNEAS, LOC

PARA REFLETIR: Lc 1.68-79; 2.11-34; Jo 1.15-18; 3.16-17; 10.7-27,30-36; Rm 5.1-11; 1Pe 2.4-25

Jesus, que é eterno, o único Sumo Sacerdote do único Deus, seu Pai, ora por nós e nos exorta: "Convoco toda a raça humana, da qual sou o Criador, pela vontade do Pai. Venham a mim para que ocupem seu lugar apropriado sob o único Deus e a única Palavra de Deus. Pois a vocês eu concedo o desfrute da imortalidade. Quero conceder essa graça a vocês, conferindo-lhes o perfeito benefício da imortalidade. E eu lhes outorgo as duas coisas: a Palavra e o conhecimento de Deus, minha essência completa. Isso eu sou; isso Deus quer; isso é sinfonia; isso é a harmonia do Pai; isso é o Filho; isso é o Cristo; isso é a Palavra de Deus, o braço do Senhor, o poder do universo e a vontade do Pai. Eu os consagro com o bálsamo da fé, pelo qual vocês lançam fora a corruptibilidade, e eu lhes mostro a forma pura da retidão pela qual ascendem até Deus. Venham a mim todos vocês que estão cansados e sobrecarregados, e eu lhes darei descanso. Tomem sobre vocês o meu jugo e aprendam de mim, pois sou manso e humilde de coração, e encontrarão descanso para a alma. Pois meu jugo é suave, e meu fardo é leve".

Clemente de Alexandria, Exortação aos gregos, cap. 12

Deus Todo-poderoso e eterno, tu governas todas as coisas nos céus e na terra; ouve em tua misericórdia as súplicas de teu povo, e concede-nos hoje tua paz; por Jesus Cristo, nosso Senhor, que vive e reina contigo e com o Espírito Santo, um só Deus, para todo o sempre. Amém.

"Quarto domingo depois da Epifania", Coletas:
contemporâneas, LOC

PARA REFLETIR: Mt 11.25-30; Jo 15.1-17; 17.1-5; Gl 6.7-8, 1Tm 4.8; 6.6

Tendo jungido a parelha de cristãos para Deus, o Bom Cocheiro, que é Cristo, dirige a carruagem para a imortalidade, rumo ao céu. Uma visão de extrema beleza para o Pai é ver seu eterno Filho coroado com vitória. Almejemos, então, ao que é bom; tornemo-nos gente que ama a Deus e alcança o maior de todos os bens que não pode ser danificado: Deus e a vida eterna. Nossa ajudante é a Palavra; depositemos nela toda nossa confiança. E que nunca sintamos fome de ouro, prata ou glória tão forte como o amor pela Palavra da Verdade em si. Pois desagradará a Deus se nós avaliarmos menos as coisas que são mais valiosas, e se avaliarmos mais os evidentes ultrajes e a total irreverência da tolice, da ignorância, da negligência e da idolatria.

Clemente de Alexandria, Exortação aos gregos, cap. 12

Os nomes todos de amor e poder
Que os céus e a terra já podem dizer
Não conseguem expressar seu valor,
Nem a glória de Emanuel expor.

Tu és meu belo exemplo e meu bom guia,
Andar contigo é o que eu sempre queria;
Oh, não permitas que eu fique perdido,
Nem nunca tome o caminho proibido.

Busca, ó minh'alma, as maiores bravuras,
Teu Capitão é o Senhor das alturas;
Marcha, então, sem medo do sucesso,
Não barrem morte e inferno teu progresso.

Isaac Watts (1674-1748), Hinário

PARA REFLETIR: Fp 3.13-21; Cl 3.2-6; Ap 14.1-7; 15.1-4; 19.1-16

ORÍGENES

Em Orígenes de Alexandria (c. 185–254 d.C.), cujo sobrenome era Adamantius (Homem de aço), encontramos um dos mais eminentes, embora por vezes controverso, pais da igreja dos primeiros séculos. Desde a juventude ele foi um apaixonado discípulo de Jesus Cristo. Dotado de grande inteligência, seu maior objetivo foi ser uma imagem viva de Jesus Cristo — e isso ele descrevia como ser uma estátua de Cristo formada pela excelência cristã. Todas as magníficas habilidades de Orígenes visavam explicar as Escrituras e ensinar com clareza toda a doutrina de Cristo. A finalidade das Escrituras, na visão dele, é levar as pessoas à redenção mediante Jesus Cristo e levar os convertidos à maturidade cristã.

Acredita-se que Orígenes tenha nascido e crescido numa intelectual e religiosamente rica Alexandria. A cidade era o centro de aprendizagem cristã, um ambiente fértil para o pensamento judaico e uma patrocinadora entusiasta da ciência e filosofia grega, especialmente Platão. Orígenes viveu numa época em que a ortodoxia cristã ainda era em alguns pontos vaga e a igreja ainda enfrentava ciclos de brutal opressão.

Filho de pais cristãos, Orígenes tornou-se o aluno mais famoso de Clemente de Alexandria. Seu primeiro treinamento teológico veio de seu pai, Leônidas, que sofreu o martírio em 202 ou 203 d.C. Mais tarde, Orígenes passou a ser aluno de Panteno, fundador da escola catequética de Alexandria. Depois, foi aluno de Clemente, quando este sucedeu a Panteno. Aos 17 anos, foi convidado a ensinar gramática na escola catequética. Um ano mais tarde, em virtude de sua inteligência precoce e compreensão da fé cristã, o bispo Demétrio o indicou para ser diretor da escola, sucedendo a Clemente.

Mesmo não sendo um presbítero (sacerdote), Orígenes tornou-se um eminente professor das Escrituras e da teologia cristã. Valia-se de seu vasto conhecimento da filosofia e religião greco-romanas para expor os erros do paganismo e defender o evangelho contra seus críticos. Orígenes estava intelectual e teologicamente equipado para defender a fé contra os gnósticos e Marcião (que queria separar o Antigo do Novo Testamento) e apresentar a eles uma resposta ponderada e cuidadosa. Orígenes colocou seu considerável conhecimento da filosofia grega a serviço da igreja e o usou para expor o que ele via como falhas da filosofia. Contribuiu de modo significativo para o desenvolvimento da doutrina da Trindade.

Os críticos de Orígenes acreditam que sua confiança no neoplatonismo não foi muito útil à teologia cristã em alguns aspectos importantes. Ela afetou sua interpretação das Escrituras e sua explicação da doutrina cristã. Esses opositores julgam que seu neoplatonismo o levou a tornar o Filho inferior ao Pai em divindade, subordinado em essência divina, como intermediário entre a unidade absoluta ou a unicidade de Deus e a inferior multiplicidade e mutabilidade do mundo. Orígenes superou essa tendência compensando-a com afirmações mais ortodoxas sobre a plena divindade do Filho. Muitos de seus seguidores, porém, não mantiveram seu equilíbrio. Ele também foi criticado por ensinar a preexistência e a queda da alma. Segundo outra especulação de Orígenes, na restauração final, toda a criação, inclusive o diabo, seriam redimidos. Esses dois ensinamentos foram condenados no Sínodo de Constantinopla (543 d.C.) e no Segundo Concílio de Constantinopla (553 d.C., o quinto concílio ecumênico).

Como exegeta das Escrituras, Orígenes é famoso por suas interpretações alegóricas. A maioria dos textos, acreditava ele, tem um sentido perceptível ou literal, um sentido moral que visa o progresso espiritual, e também um sentido espiritual ou alegórico destinado ao avanço do conhecimento cristão de Deus, a quem tanto o Antigo quanto o Novo Testamento prestam fiel testemunho. Somente um exegeta espiritualmente perspicaz e habilidoso consegue desenvolver o terceiro significado. Ao árduo trabalho de Orígenes devemos a formação da *Hêxapla*, obra que apresenta seis versões do Antigo Testamento dispostas em seis colunas.

A biografia de Orígenes pode ser dividida em dois períodos. De aproximadamente 204 até 230 d.C., com algumas interrupções, ele ensinou em Alexandria. Em 215 ou 216, as perseguições de Caracala o obrigaram a fugir para a Palestina. Em 218–219, o bispo Demétrio o chamou de volta para Alexandria a fim de que retomasse seu magistério na escola catequética. Aqui ele iniciou o período mais prolífico de sua carreira (produziu pelo menos oitocentas obras). Para maximizar sua criatividade de escritor, secretários e copistas foram colocados à sua disposição. Por volta de 230, Orígenes viajou para a província de Acaia e passou pela Cesareia da Palestina. Sem permissão do bispo Demétrio, dois amigos de Orígenes o ordenaram sacerdote. O resultado disso foi que, em 231 ou 232, ele foi deposto da direção da escola catequética e despojado do sacerdócio. Banido de Alexandria, voltou para Cesareia, onde iniciou a segunda fase de sua vida.

Durante a rigorosa perseguição promovida pelo imperador Décio (249–251 d.C.), Orígenes foi lançado na prisão (250–251) e torturado. Embora não tenha sido assassinado por seus capturadores, as torturas que lhe infligiram aceleraram sua morte.

(Orígenes responde à pergunta: "O que é um evangelho?".)

"Evangelho" é uma palavra que implica para o crente a presença real de algo bom, ou uma palavra que promete a vinda de um bem esperado. Esses dois significados se aplicam aos livros chamados evangelhos. Cada evangelho é uma coleção de proclamações úteis a quem acredita e não as interpreta erroneamente. Cada evangelho traz seu benefício e naturalmente alegra o crente, pois fala da estada do Primogênito de toda a criação, Jesus Cristo, com os seres humanos, em prol e para a salvação deles. Repetindo, cada evangelho fala da permanência do bom Pai no Filho juntamente com os que estão predispostos a recebê-lo. Pelos evangelhos proclama-se um bem que antes já era esperado. Pois para o povo o Messias foi um bem esperado, antes previsto pelos profetas.

ORÍGENES, *COMENTÁRIO AO EVANGELHO DE JOÃO*, LIVRO I, CAP. 7

Amorosíssimo Pai, tu queres que rendamos graças por tudo, sem nada temer, a não ser o perder-te, e que lancemos sobre ti, que cuidas de nós, todas as nossas preocupações; preserva-nos dos medos traiçoeiros e das ansiedades mundanas, a fim de que nenhuma nuvem desta vida mortal oculte de nós a luz daquele amor imortal que a nós manifestaste em teu Filho Jesus Cristo, nosso Senhor, que vive e reina contigo, na unidade do Espírito Santo, um só Deus, agora e para sempre. Amém.

"OITAVO DOMINGO DEPOIS DA EPIFANIA", COLETAS: CONTEMPORÂNEAS, LOC

PARA REFLETIR: Mt 1.18—2.23; Mc 1.39; Lc 4.1-32; Jo 1.29-51

Os anjos deveriam ser mencionados entre os evangelistas. Se entre os seres humanos existem os que são honrados com o ministério de evangelistas, e se o próprio Jesus traz boas-novas e prega o evangelho aos pobres, seguramente os mensageiros que foram por Deus criados como espíritos, que são uma chama de fogo, ministros do Pai, não podem ser excluídos do rol dos evangelistas. Um anjo pairando acima dos pastores fez que uma luz brilhante os envolvesse. Ele proclamou: "Não tenham medo! Trago boas notícias, que darão grande alegria a todo o povo: hoje lhes nasceu, na cidade de Davi, o Salvador, que é Cristo, o Senhor". E, tendo dito isso, os anjos afastaram-se dos pastores e seguiram para o céu, deixando-nos a entender como a grande alegria que nos foi anunciada com o nascimento de Jesus Cristo é glória para Deus nas maiores alturas.

Orígenes, *Comentário ao Evangelho de João*, livro i, cap. 13

———————

Louvor nos céus os anjos entoaram,
Aleluias nos ares soaram,
Quando Deus iniciou seu feito,
Quando disse, e viu tudo perfeito.

Seu louvor a manhã estendeu,
Quando o Príncipe da Paz nasceu;
Já o louvor foi ouvido mais forte
Quando o morto venceu a morte.

James Montgomery (1771–1854), Hinário

———————

PARA REFLETIR: Mt 1.18-25; **Lc** 1.8-20,26-38,46-55; **2.1-18**; Ap 22.8-9

Por que não seria razoável acreditar em Deus, visto que todas as iniciativas humanas dependem de fé? Quem empreende uma viagem, contrata um casamento, torna-se pai ou lança uma semente ao solo sem acreditar que coisas melhores resultarão desses atos? A crença de que coisas melhores acontecerão leva as pessoas a se aventurarem em empreendimentos incertos que podem ter resultados diversos dos esperados. Se a esperança e a crença num futuro melhor são o esteio da vida em todos os empreendimentos humanos, por que não deveria a crença em Deus, que está acima de todas as coisas, também ser confirmada pelos cristãos? Pois eles acreditam, com motivos melhores que os de quem navega pelo mar ou cava a terra, na existência do Deus que é o Criador de todas as coisas.

Orígenes, *Contra Celso*, livro i, cap. i i

Podemos não tocar-te as mãos e o lado,
Nem seguir os passos teus;
Mas alegres com a tua promessa
Gritamos: "Senhor! Meu Deus!".

Socorre, então, Senhor, nossa descrença;
Faz nossa fé aumentar
E recorrer a ti quando estás perto,
Sabendo onde te achar.

Quando esta vida de fé tiver fim,
Em reinos de luz serena,
Que te vejamos como és,
Em eterna luz plena.

Henry Alford (1810–1871), Hinário

PARA REFLETIR: Sl 7.1; 18.1-29; 62.8; Pv 3.5-26; Is 41.10-14; Hc 3.17-19; Mt 6.25-34; Lc 12.22-32

Cristo é o resplendor e a imagem expressa da natureza divina. Ele veio ao mundo como plenamente humano para semear a semente de sua palavra. Todos os que o recebem são introduzidos na união com o Deus Altíssimo. Se considerarmos Jesus em relação à divindade nele encarnada, as coisas que ele realizou como Deus encarnado, nele nada vemos que ofenda nossas expectativas em relação a Deus, nada que não seja santo. E, se considerarmos sua natureza humana, nós o vemos como distinto, acima de todos os outros, por sua íntima comunhão com Deus e sua absoluta sabedoria. Ele sofreu como alguém que era sábio e perfeito. Sofreu para o bem da raça humana. Sua morte não foi apenas um exemplo de morte sofrida por amor à compaixão, mas foi também o primeiro golpe no conflito que derrubará o poder do diabo.

ORÍGENES, *CONTRA CELSO*, LIVRO 7, CAP. 17

Retumbem altos louvores a Deus,
Seu nome escrevam nos céus;
Hinos preencham todo o espaço,
Proclame a terra o seu Deus:
Deus, esperança de toda nação,
Deus, fonte de consolação,
Santa, bendita Trindade!
Eis o nome que desde tempos eternos
Se oculta em luz imanente;
Eis o nome que reis e sábios terrenos
Quiseram saber certamente;
Em sua maravilhosa encarnação,
Deus revelou ao mundo a salvação,
Na sua bendita Trindade!

HENRY MARTIN (1831–1911), HINÁRIO

PARA REFLETIR: Mq 5.2-3; Mt 1.1-25; Lc 1.26-54; 2.1-40; Jo 1.14; Rm 1.3; Cl 2.8-15; 1Jo 1.3; 4.2-3

Nós, cristãos, nos recusamos terminantemente a adorar e servir aqueles que outros povos adoram. Com orações e súplicas, adoramos com todas as nossas forças o único Deus e seu único Filho, a Palavra e Imagem de Deus. Apresentamos nossas preces ao Deus do universo por meio de seu Filho unigênito. Ao Filho nós os apresentamos primeiro e suplicamos que ele, a "propiciação pelos nossos pecados" e nosso Sumo Sacerdote, ofereça nossas preces, nossos sacrifícios e nossas orações ao Deus Altíssimo. Nossa fé, portanto, é endereçada a Deus por meio de seu Filho, que a fortalece em nós. Honramos o Pai quando honramos o Filho, a Palavra, Sabedoria, Verdade, Retidão e tudo o mais que as Escrituras dizem dele, que é o Filho de tão grande Pai.

ORÍGENES, *CONTRA CELSO*, LIVRO 8, CAP. 13

A terra, com tudo o que nela existe,
Com suas riquezas ingentes,
Pertence a Deus, que a confirmou
Sobre evos mares frementes.

Quem é esse glorioso Rei que vem
Exigir ao seu trono seus direitos?
O Senhor do Exércitos é o Rei
Da glória, o Deus dos eleitos.
ATRIBUÍDO A CHARLES JEFFREYS OU L. DEVEREUX (1912),
HINÁRIO

PARA REFLETIR: Ed 3.10-13; Sl 5.7; 24.3-6; Rm 3.25; 8.26; 1Co 4.15; Ef 3.11-12; 6.18-19; Fp 4.6; 1Ts 5.17; **1Jo 2.2**; 4.10; Ap 8.3-4

(Um motivo da acusação de ateísmo contra os cristãos era o fato de eles não terem altares ou templos. Orígenes responde a essa questão.)

Nós, cristãos, cremos que o espírito de toda pessoa de bem é um altar do qual sobe incenso de aroma verdadeira e espiritualmente agradável, ou seja, orações que ascendem de uma consciência pura para Deus. Por isso é dito por João no Apocalipse que as orações dos santos são incenso oferecido a Deus. E disse o salmista: "Que minha oração suba à tua presença, como incenso". As estátuas e as dádivas que constituem ofertas apropriadas não resultam da invenção humana, mas são criadas e formadas em nós pela Palavra de Deus. Ele também produz em nós as virtudes pelas quais imitamos "o Primogênito de toda a criação". Cristo nos apresentou um exemplo de justiça, temperança, coragem, sabedoria e piedade.

Orígenes, Contra Celso, livro 8, cap. 17

Deus Todo-poderoso, Pai de toda misericórdia, nós, teus servos indignos, humildemente te damos graças por todo o teu favor e bondade amorosa para conosco e para com todos os que criaste. Nós te bendizemos por nossa criação, preservação e por todas as bênçãos desta vida; acima de tudo, por teu imensurável amor na redenção do mundo por nosso Senhor Jesus Cristo; pelo instrumento da graça e pela esperança da glória. Amém.

"Ação de graças geral", Oração vespertina diária: rito 2,
LOC

PARA REFLETIR: 1Rs 8.22-30; **Sl** 63.1-2; 66.4-20; **141.2**; Rm 8.24-27; 12.1-2; Cl 1.18; 3.12-17; Ap 3.14; 5.8

Aqueles que, por meio da Divina Palavra, plantam e cultivam as virtudes que refletem "o Primogênito de toda a criação" erigem estátuas em adoração a Cristo, seu protótipo. Ele é "a imagem do Deus invisível", o Unigênito de Deus. Aqueles que abandonam seu antigo eu, corrompido e iludido pela luxúria, e se revestem de um novo eu, criado à semelhança de Deus em verdadeira retidão e santidade, assumem para si a imagem daquele que os criou. Erigem dentro de si uma estátua igual à que deseja o Deus Altíssimo.

Contemplando Deus com coração puro, os cristãos se tornam imitadores de Cristo. As estátuas que eles se esforçam para erigir não são as de uma espécie sem vida e sem sentido. Não são erigidas para abrigar espíritos gananciosos inclinados à prática do mal. Pelo contrário, os cristãos estão repletos do Espírito de Deus, que neles habita. O Espírito faz morada nos que estão sendo transformados na imagem de Cristo.

Orígenes, *Contra Celso*, livro 8, cap. 17—18

Deus Todo-poderoso, Pai de toda misericórdia, pedimos em oração que nos dês uma consciência tal de tuas misericórdias para que nós, com o coração verdadeiramente agradecido, entoemos teu louvor, não apenas com os lábios, mas com a vida, dedicando-nos a teu serviço e caminhando em tua presença com santidade e retidão todos os nossos dias; por Jesus Cristo, nosso Senhor, a quem sejam, contigo e o Espírito Santo, a honra e a glória por todos os séculos. Amém.

"Ação de graças geral", Oração vespertina diária: rito 2,
LOC

PARA REFLETIR: Jo 15.1-5; Rm 5.1—6.14; 8.1-6; 2Co 4.1-7; Ef 4.22-24

91

(Orígenes discute a encarnação de Cristo.)

De Cristo está escrito que "nem o mundo inteiro poderia conter todos os livros que seriam escritos" sobre a glória e majestade do Filho de Deus. É impossível registrar por escrito todos os detalhes que fazem parte da glória do Salvador. Depois de ponderar questões sobre o ser do Filho de Deus, nós nos perdemos no mais profundo assombro de que tal natureza, proeminente acima de todas, tenha se despojado de sua condição de majestade, tornando-se humana e residindo entre nós, conforme atesta a graça que foi derramada em seus lábios, conforme testemunhou a seu favor o Pai celestial e conforme revelam vários sinais e prodígios e milagres feitos por ele mesmo.

ORÍGENES, *TRATADO SOBRE OS PRINCÍPIOS*, LIVRO 2, CAP. 6, SEÇÃO I

Do amor do eterno Pai foi concebido;
Nenhum mundo ainda existia.
O Alfa do início, o Ômega do fim,
Ele a Fonte, o Final seria.
Coisas que existem, coisas que existiram,
Ou que existirão algum dia,
E sempre e para todo o sempre.
AURÉLIO CLEMENTE PRUDÊNCIO (348–410 D.C.), DA TRAD. DE
JOHN M. NEALE (1854) E HENRY W. BAKER (1859), HINÁRIO

PARA REFLETIR: Mt 11.25-27; 17.1-9; **Jo** 1.10-17; **21.24-25**; Fp 2.1-11; Cl 1.15-17; Ap 5.8-14

O Espírito Santo, que clama "Aba, Pai" no coração dos bem-aventurados, entende com grande sensibilidade os suspiros deles neste tabernáculo terreno. Ele a Deus "mais do que intercede por nós, com gemidos inexprimíveis". Pela grande simpatia e amor que sente por nós, ele toma para si nossos gemidos. E, em virtude da sabedoria que nele reside, contemplando nossa alma humilhada "até o pó" e trancada dentro do corpo "humilhante", o Espírito não se serve de gemidos comuns quando mais que intercede a Deus por nós. Com gemidos inexprimíveis que dão voz às palavras que não sabemos dizer, o Espírito intercede em nosso favor. E, não satisfeito em interceder a Deus, o Espírito intensifica sua intercessão para nos fazer "mais que vencedores".

Nem mesmo nosso entendimento consegue orar corretamente se o Espírito Santo não o orientar em oração. Não podemos orar como deveríamos assim como não podemos cantar um hino em verdadeira harmonia com o Espírito, que sonda as profundezas, a menos que ele cante primeiro o hino em nós.

Orígenes, "Introdução", Tratado sobre a oração, cap. i

Ó Santo Espírito, sempre atuando
Na igreja e em seus servidores;
Fortalecendo, absolvendo, animando
E libertando os pecadores;
Ó Santo Espírito, sempre reunindo
Eras e almas, raízes e ramos,
Num convívio sempre infindo,
Adorando te exaltamos.

Timothy Rees (1874–1939), Hinário

PARA REFLETIR: Mt 1.18; 3.11-17; 19.28; **Lc** 1.15; **11.1;** 24.29; Jo 3.5-34; 14.16-26; 15.26; At 1.2-16; 2.2-38; 4.8,31; **Rm** 1.4; 5.5; **8.15-37;** 1Jo 5.6-8

DIONÍSIO DE ALEXANDRIA

Nenhum dos pais antenicenos serviu durante tempos mais perigosos que o bispo Dionísio de Alexandria (c. 190–265 d.C.). Ele foi chamado Dionísio, o Grande, por sua erudição, sua capacitada defesa da fé e especialmente por seu eficaz zelo pelo rebanho cristão. Possuía as características admiráveis de um líder eclesiástico: tinha grande capacidade executiva, nobreza de caráter, era gentil e sabia combinar conhecimento com dedicação ao povo.

Nascido de pais pagãos, Dionísio se converteu à fé cristã na idade adulta. Isso aconteceu depois de muita leitura e reflexão. Tornou-se um dos destacados alunos de Orígenes e mais tarde sucedeu a Héraclas (eleito bispo de Alexandria em 231 ou 232) como diretor da escola catequética. Dirigiu a escola antes de ser elevado à posição de bispo de Alexandria, em 248. Em seguida, enquanto servia na condição de bispo, por muitos anos continuou a dirigir aquela instituição.

Dionísio era grego de nascimento e na língua grega expressou a doutrina cristã, o que às vezes dificultou seu entendimento entre os ocidentais latinos. Não à toa, o bispo de Roma convocou um sínodo que condenou os ensinamentos de Dionísio, julgando que o alexandrino afirmava que o Filho havia sido criado pelo Pai. Dionísio respondeu em quatro livros dizendo que seus acusadores haviam tomado suas palavras fora do contexto e deixado de ouvir integralmente seus ensinamentos, nos quais ele afirmava a eternidade e divindade do Pai, do Filho e do Espírito Santo, um só Deus em três pessoas distintas.

Dionísio abordava os opositores da fé cristã lendo o que eles haviam escrito e depois buscando entender suas críticas antes de tentar levá-los à fé em Cristo. Foi muito prolífico como autor, mas poucos de seus escritos sobreviveram.

Logo depois que Dionísio se tornou bispo, irrompeu no Egito uma intensa perseguição contra a igreja. Isso aconteceu um ano antes que a perseguição desencadeada pelo imperador

Décio (249–251 d.C.) se alastrasse pelo Império. A igreja sofreu imensamente em Alexandria e em todo o Egito. Muitos dentre o clero, e também leigos, foram martirizados. Dionísio conseguiu fugir para o exílio, de onde dirigiu seu oprimido rebanho até a morte de Décio, em 251. Durante o breve período de paz subsequente, ele se mostrou misericordioso com os "lapsos" — aqueles que haviam recebido certificados que provavam aos comissários do sacrifício que tal pessoa havia regularmente prestado culto aos deuses pagãos. A posse do certificado livrava o cidadão de outras ações legais. Depois, em 258, o imperador Valeriano desencadeou outra perseguição cruel. Ordenou que todos os bispos, sacerdotes e diáconos fossem executados de imediato. Mais uma vez, Dionísio foi para o exílio. Em seguida, reassumiu abertamente suas responsabilidades episcopais até sua morte, em 17 de novembro de 265. Além das perseguições sofridas pelos cristãos, durante o período de serviço de Dionísio os cidadãos de Alexandria vivenciaram guerras civis, pestes e crises de penúria.

Como responderemos a quem afirma que todos aqueles sábios e nobres aspectos do universo resultam do mero acaso? Refiro-me aos aspectos individuais da natureza bem como a todo o sistema tomado coletivamente. Por Deus eles foram declarados bons, e foi uma ordem dele que os trouxe à existência. Como dizem as Escrituras: "E olhou Deus para tudo que havia feito, e viu que era muito bom". Na verdade, porém, os que negam isso não refletem sobre as analogias de coisas até pequenas e familiares que poderiam observar e assim aprender que nenhum objeto feito para alguma finalidade passa a existir por mero acaso. Pelo contrário, ele é criado por um artífice habilidoso e é concebido para atingir o fim planejado.

Dionísio, Dos livros da natureza, cap. 2

Único sábio Deus, imortal e invisível,
Perante nosso olhar em luz inacessível,
O mais abençoado e gracioso da história,
Teu nome é Onipotente e retumbante é tua vitória.

Deus da vida Criador, da grande e da pequena,
De toda vida Autor, fonte pura e serena;
Quais flores somos nós a murchar e a florir,
Mas tu sempre exististe e sempre hás de existir.

A ti adoramos, ó Pai de todo bem,
Encobrindo sua face, anjos dizem "Amém!";
És o nosso Pai e louvores te rendemos,
Só por teu resplendor agora não te vemos.

Walter C. Smith (1824–1908), Hinário

PARA REFLETIR: Gn 1.31; Ne 9.6; Jó 12.7-9; 38.4-10; Sl 33.6-9; 136.1-9

(Dionísio discute a causal e sustentadora criatividade de Deus.)

Quando um objeto criado deixa de cumprir sua função e se torna inútil, ele também começa a se degradar. Seu estado de eficiência desaparece em cada aspecto acidental e desregulado. Isso acontece porque a sabedoria e a habilidade que o criou já não o controlam nem o mantêm. Quando se constrói uma casa ou uma cidade, nem uma coisa nem outra organiza suas pedras como se fossem colocadas espontaneamente sobre as fundações. Uma camada de pedras não se coloca espontaneamente sobre outra. Pelo contrário, o pedreiro põe com cuidado as pedras selecionadas em seus devidos lugares. Se a estrutura começar a ceder, a pedras vão se separar e se espalhar pelo chão. Quando se constrói um navio, a quilha não se assenta por si mesma. Tampouco o mastro se ergue sozinho, nem todas as outras partes do madeiramento assumem suas posições acidentalmente e por um impulso próprio delas.

Dionísio, Dos livros da natureza, cap. 2

Senhor, como são múltiplas as obras
Criadas por tua sabedoria;
Preenche a tua fértil criação
O mar e a terra bravia.

Meu coração pondera sua graça
Em doce meditação;
Seus louvores em minha alma exultante
Até o Senhor subirão.

O Saltério: com leituras responsivas (1912), nº 288, Hinário

PARA REFLETIR: Sl 146.5-7; Jr 10.12; 27.5; 31.35-37; 51.15; At 17.24-28

◇◇◇◇◇◇ **95** ◇◇◇◇◇◇

(Dionísio descreve a perseguição dos cristãos de Alexandria um ano antes da perseguição geral desencadeada pelo imperador Décio [249-51 d.C.].)

Prenderam um senhor idoso chamado Metras e o mandaram proferir palavras ímpias; como ele se recusou, bateram nele com porretes, dilaceraram-lhe o rosto e os olhos com juncos cortantes e depois o arrastaram para fora da cidade e o apedrejaram. Também prenderam Apolônia, aquela virgem digna da maior admiração, que na época era bem idosa. Bateram nela arrancando-lhe os dentes e deixando-lhe cortes no queixo. Em seguida, acendendo uma fogueira na entrada da cidade, ameaçaram queimá-la viva se ela não prestasse com eles culto aos deuses pagãos. E, embora ela desse a impressão de ponderar o caso por uns instantes, ao ser solta atirou-se ansiosa na fogueira e foi consumida pelo fogo.

Dionísio, *Epístola para Fábio, bispo de Antioquia*, § 2-3

Festas de mártires abençoados,
Santos homens e mulheres,
Terão nosso amor e admiração
Quando de novo vierem.
Maravilhas, grandes feitos mostraram,
Dignos do nome que têm;
Em seu louvor cantando alegres vamos
Venerá-los sempre e além.

Autor desconhecido (séc. 12), da trad. de
John M. Neale (1851), Hinário

PARA REFLETIR: Is 53.2-10; Mt 26.3-16; 27.25-44; Lc 22.2-65; Rm 8.17-37; 2Co 4.8-12; 11.23-27

A IGREJA DO OCIDENTE

Jesus encarregou os apóstolos de fazerem "discípulos de todas as nações" (Mt 28.19). Depois de Pentecostes, eles e seus companheiros obedeceram de imediato às instruções de Jesus. A proclamação do evangelho do reino avançou geograficamente, bem como o crescimento da igreja. O livro de Atos conta a história à medida que a expansão envolve Jerusalém, Samaria e o leste do Mediterrâneo. Mas o evangelho também se propagava em outras regiões. A igreja de Etiópia identifica seus primórdios na conversão de um funcionário da corte etíope mediante o ministério do evangelista Felipe (At 8.26-39). A tradição atesta que o apóstolo Tomé pregou as boas-novas no Oriente, chegando até a Índia. Quando, no século 16, sacerdotes europeus chegaram ao sul da Índia para lá introduzir o evangelho, surpreenderam-se quando lhes disseram que um missionário mais famoso, o apóstolo Tomé, os havia precedido.

Uma cabeça de ponte para o evangelho na Europa foi estabelecida durante a segunda viagem missionária do apóstolo Paulo. Acompanhado por Silas, Paulo empreendeu essa missão em resposta a um convite que aconteceu durante uma visão noturna, conforme registrado em Atos 16.6-15. Ao que parece, a essa altura (c. 49–52 d.C.) a igreja de Roma já havia sido fundada. Antes de 58 d.C., Paulo escreveu uma carta a essa bem-estabelecida igreja. Uma das razões da carta era o desejo do apóstolo de usar a igreja de Roma como base missionária para expandir a pregação do evangelho no Ocidente.

Na história da igreja ocidental, Roma ocupa posição significativa. As figuras mais destacadas associadas à igreja romana antes de Niceia (excluindo-se Pedro e Paulo) foram Hipólito (c. 170–235 d.C.), discípulo de Irineu, e Novaciano (c. 200–258 d.C.). Ambos entraram em conflito com bispos romanos — Hipólito sobre a doutrina da Trindade, e ambos sobre como lidar com pecados graves cometidos depois do batismo. Em consequência desses conflitos, ambos estabeleceram igrejas rivais. A igreja de Hipólito desfrutou apenas vida breve. Mas a igreja fundada por Novaciano, embora tenha por vezes sofrido severa perseguição, durou até o século 6. Novaciano defendeu vigorosamente a fé ortodoxa. Todavia, não aparecem aqui excertos de seus textos sobreviventes por não se prestarem à leitura devocional.

Roma foi importante. Por muitos anos, contudo, o centro de gravidade teológico da igreja ocidental estava alhures, isto é, no Norte da África (Cartago e Hipona) e, em menor escala, na Gália, sob a liderança de Irineu († c. 202 d.C.). Cartago, integrada ao Império Romano por vias violentas no fim da Terceira Guerra Púnica (146 a.C.), foi a casa de Tertuliano e Cipriano, duas figuras que se destacaram acima dos bispos de Roma contemporâneos. A proeminência do Norte da África continuaria na pessoa de Agostinho de Hipona (a moderna Bizerte, na Tunísia). Embora Irineu tenha nascido e sido criado na parte oriental da Grécia, e tenha escrito em grego, não sendo portanto um pai da igreja latino, ele foi identificado com a igreja da Gália por mais de cinquenta anos. Por essa razão, está incluído aqui.

Infelizmente, as crescentes diferenças entre as igrejas do Ocidente latino e do Oriente grego acabariam, em 1054, provocando uma ruptura formal (o Grande Cisma) que ainda precisa ser sanada.

Nesta seção aparecem seleções provenientes de Irineu, Hipólito de Roma, Tertuliano e Cipriano.

IRINEU

Muitos dos primeiros pais da igreja combateram erros doutrinais que ameaçavam o cristianismo. Dada a infância da fé cristã e a fermentação religiosa e filosófica que caracterizavam o mundo greco-romano, as ameaças não surpreendem. Ninguém mais do que Irineu de Lyon († c. 202 d.C.) tem direito à nossa gratidão por sua brilhante defesa da fé. Ele foi um homem que não reivindicou para si nenhuma "exibição de retórica ou excelência de redação" (*Contra as heresias*, livro 1, prefácio), mas que mesmo assim ocupará a cadeira de gigante doutrinário quando tiver início o banquete do Cordeiro. Ele estabeleceu um sólido alicerce para a fé ortodoxa posterior. Sobre sua vida, pouco sabemos. Nasceu provavelmente em uma das províncias marítimas da Ásia Menor, por volta de 135 d.C. Irineu diz que, na juventude, viu Policarpo de Esmirna († 155 d.C.). Policarpo havia sido instruído por alguns dos apóstolos e se convertido junto de muitos que viram o Cristo (*Contra as heresias*, livro 3, cap. 3, seção 4)

Por volta de 170 d.C., Irineu foi para a Gália céltica (correspondendo aproximadamente à França e à Bélgica dos dias de hoje) e fixou-se numa comunidade cristã de Lyon, centro da comunidade cristã da Gália. Tornou-se presbítero (sacerdote) e, em 177 ou 178, foi designado pelo clero local para entregar uma carta ao bispo de Roma denunciando os erros de Montano (o montanismo surgiu em 156 ou 157). Muitos integrantes do clero da Gália estavam encarcerados por causa de seu testemunho cristão (detalhado em "A carta das igrejas de Viena e Lugdunum [Lyon] às igrejas da Ásia e da Frígia" ou "Pseudo-Irineu" [178 d.C.], em *Relíquias do segundo e terceiro séculos*). Durante sua estada em Roma, Irineu detectou outras heresias, como, por exemplo, o gnosticismo, uma séria ameaça à igreja. Foi uma constatação chocante que o impeliu a escrever *Contra as heresias*. Ao voltar para casa, Irineu descobriu que Plotino, bispo de Lyon que Policarpo havia enviado para estabelecer a missão cristã na Gália, fora martirizado durante a perseguição decretada por Marco Aurélio (r. 161–180 d.C.). Irineu tornou--se o novo bispo.

Em seu bispado, trabalhou como pastor fiel, como missionário para os celtas que moravam na região e como autor prolífico em defesa da fé. Temos duas de suas obras e inúmeros fragmentos. A primeira é *Contra as heresias* (*Adversus haereses*, em cinco volumes). Nessa obra ele mostra por que nunca se deve confundir o gnosticismo com a fé cristã. De forma sistemática, examina e refuta mitos gnósticos e mostra como os gnósticos se apropriam erroneamente de Cristo e da doutrina cristã, incorporando-os às suas invenções mitológicas. Irineu também examina outras heresias que ameaçavam a igreja. Sua segunda obra, *Exposição ou prova do ensinamento apostólico*, ficou perdida até ser descoberta em 1904. Seu objetivo é alimentar a fé dos cristãos.

Irineu atuou como pacificador numa controvérsia sobre a data correta da celebração da Páscoa, o que poderia provocar uma ruptura entre o bispo de Roma e as igrejas da Ásia Menor. A ele devemos a normalização da tradição do evangelho quadruplicado do Novo Testamento, uma clara e precisa declaração da plena humanidade do Senhor e de seu papel na salvação, uma explanação da santificação como *theosis* (tornar--se semelhante a Deus) e uma firme declaração da divindade de Cristo. Destaca-se em seus ensinamentos a doutrina de que Jesus era tão inteiramente humano, bem como divino, que ele podia "recapitular", ou seja, restaurar a humanidade decaída levando uma vida de irrepreensível fidelidade a Deus. O Cristo encarnado fez bem feito o que Adão fez mal feito. Irineu ecoou aquilo que o apóstolo Paulo ensinou em Romanos, Efésios e outras epístolas. É possível que tenha morrido como mártir por volta do ano 202 d.C.

A igreja, embora dispersa por todo o mundo, até os confins da terra, recebeu dos apóstolos e seus discípulos esta fé: Ela acredita em um único Deus, o Pai Todo-poderoso, Criador dos céus, da terra, do mar e de todas as coisas que neles há; e em um único Cristo Jesus, o Filho de Deus, que encarnou para nossa salvação; e no Espírito Santo, que proclamou por meio dos profetas as dispensações de Deus, o advento de Cristo, seu nascimento de uma virgem, sua paixão, sua ressurreição dos mortos e sua ascensão ao céu; e na humanidade do amado Cristo Jesus, nosso Senhor, e sua futura manifestação do céu na glória do Pai "para reunir todas as coisas" e ressuscitar toda carne de toda a espécie humana a fim de que para Cristo Jesus, nosso Senhor e Deus, Salvador e Rei, pela vontade do Pai "todo joelho se dobre, nos céus, na terra e debaixo da terra, e toda língua confesse" a ele, e a fim de que ele execute um justo julgamento para todos.

Irineu, Contra as heresias, livro i, cap. 10, seção 1

Pai bondoso, nós oramos por tua santa igreja católica. Enche-a de toda a verdade, em toda a verdade, com toda a paz. Onde ela está corrompida, purifica-a; onde está em erro, dirige-a; onde em qualquer aspecto está defeituosa, reforma-a. Onde está certa, fortalece-a; onde está deficiente, abastece-a; onde está dividida, reúne-a; em favor de Jesus Cristo, teu Filho e nosso Salvador. Amém.

"Pela Igreja", Orações e ações de graça, LOC

PARA REFLETIR: Ef 1.15-23; 4.1-16; **Fp 2.1-11;** 1Tm 3.1-16; Hb 12.22-23; Tg 2.1-13

(Irineu adverte contra as ficções dos arrogantes hereges.)

É, portanto, melhor e mais proveitoso pertencer à classe simples e iletrada, e por meio do amor conseguir aproximar-se de Deus, do que, imaginando-nos eruditos e habilidosos, sermos encontrados entre os que blasfemam contra Deus. Estes invocam outro Deus em vez do Deus, o Pai. Por essa razão Paulo disse: "O conhecimento traz orgulho, enquanto o amor fortalece". A intenção dele não foi falar contra o verdadeiro conhecimento de Deus, pois se assim fosse Paulo estaria acusando a si mesmo; mas ele sabia que algumas pessoas, inchadas por um suposto conhecimento, afastam-se do Deus amoroso. Elas se imaginam perfeitas. É por isso que apresentam um Criador imperfeito. Foi para censurar esse orgulho que Paulo afirmou: "O conhecimento traz orgulho". É, portanto, melhor não ter absolutamente nenhum conhecimento sobre a razão da existência de determinada coisa e ainda assim acreditar em Deus e continuar em seu amor, do que se orgulhar de um conhecimento errado e afastar-se do amor de Deus, que é nossa vida. Melhor seria para nós não irmos em busca de nenhum conhecimento que não seja o conhecimento de Jesus Cristo, o Filho de Deus, que foi crucificado por nós, do que, mediante sutis e cavilosas especulações, descambarmos para a impiedade.

IRINEU, *CONTRA AS HERESIAS*, LIVRO 2, CAP. 26, SEÇÃO I

Jesus nos chama: Por tua bondade,
Que nós te ouçamos, Salvador;
Dá ao nosso coração te obedecer,
E te amar e servir com ardor.
CECIL F. ALEXANDER (1818–1895), HINÁRIO

PARA REFLETIR: Dt 13.1-18; At 15.24; **1Co 8.1;** 2Co 11.1-4; Gl 1.6-12; Tt 3.10-11; 2Jo 1.10-11; Jd 1.3-16

◇◇◇◇◇◇ **98** ◇◇◇◇◇◇

(Irineu adverte contra deixar-se consumir por especulações infindáveis.)

O apóstolo Paulo disse que, quando outras coisas houverem deixado de existir, estas três, "fé, esperança e amor", persistirão. Pois a fé, que se devota ao nosso Mestre, permanece imutável, assegurando-nos que existe apenas um verdadeiro Deus e que devemos verdadeiramente amá-lo para sempre, sabendo que só ele é nosso Pai. Sempre esperamos receber cada vez mais de Deus e aprender dele porque ele é bom e possui riquezas infinitas, um reino sem fim, e instrução inexaurível. Se, portanto, deixarmos algumas questões nas mãos de Deus, preservaremos nossa fé intacta e seguiremos adiante sem perigos. Então toda a Escritura, que nos foi dada por Deus, será considerada harmoniosa. Em meio às numerosas e diversas afirmações da Escritura, soará dentro de nós uma única harmoniosa melodia, louvando com hinos o Deus que criou todas as coisas.

Irineu, *Contra as heresias*, livro 2, cap. 28, seção 3

Deus Todo-poderoso, que concedes uma só vontade à mente dos fiéis, concede que teu povo ame o que ordenas e deseje o que prometes, para que entre as diversas e múltiplas mudanças do mundo nosso coração se fixe lá onde se encontram as verdadeiras alegrias, por Cristo, nosso Senhor. Amém.

"Quarto domingo depois da Páscoa", Coleta, LOC da Escócia (1637)

PARA REFLETIR: Rm 11.33-36; 14.18-23; **1Co 13.8-13**; 1Tm 3.16

(Irineu mira as especulações intermináveis dos gnósticos; suas pala-vras, contudo, também se destinam a cristãos na era da ciência.)

Aprendemos das Escrituras que Deus tem supremacia sobre todas as coisas. Mas quando e como ele criou o mundo, nem as Escrituras declaram em parte alguma, nem nos convém especular para evitar que, com base em nossas opiniões, for-memos conjeturas intermináveis sobre Deus. Deixemos esse conhecimento nas mãos dele. Enquanto estamos sobre a terra, nós "em parte conhecemos, e em parte profetizamos". Por-tanto, porque só conhecemos em parte, devemos deixar todo tipo de questões difíceis nas mãos daquele que derrama sua graça sobre todos nós.

Irineu, Contra as heresias, livro 2, cap. 28, seção 7

Teus caminhos, Senhor, por um sábio previstos,
Traçados em teu trono superior,
Mostram que cada linha escura e curva
Converge para o centro: o teu amor.

Com pouca luz, na semiescuridão,
Assim veem teus planos os pobres mortais,
Não sabendo que são todos seguros;
Misteriosos, mas justos e leais.

Confiante, humilde, minh'alma só quer
Sua razão a teus pés depositar;
Míope demais para ver teus segredos,
Confio que tu, só tu, vais me guiar.

Ambrose Searle (1742–1812), Hinário

PARA REFLETIR: Gn 11.8; Dt 19.29; Sl 81; **1Co** 2.10; 12.4-6; **13.9;** 1Tm 1.5-7; 6.20-21; 2Tm 2.14-21; Tt 3.8-11

Não é possível elencar as numerosas dádivas que a igreja, espalhada por todo o mundo, recebeu de Deus no nome de Jesus Cristo, que foi crucificado sob Pôncio Pilatos. Essas dádivas a igreja administra diariamente em prol da humanidade. Ela não pratica fraudes nem cobra taxas. De bom grado ela recebeu de Deus; de bom grado ministra. Tampouco faz ela algo por meio de invocações angélicas, por encantamentos, ou por quaisquer outras artes ímpias, excêntricas. Mas, dirigindo suas orações ao Senhor que fez todas as coisas, em espírito puro, sincero e direto, e invocando o nome de nosso Senhor Jesus Cristo, a igreja se habituou a operar milagres em benefício da humanidade, e não para induzir alguém ao erro.

IRINEU, *CONTRA AS HERESIAS*, LIVRO 2, CAP. 32, SEÇÕES 4-5

Senhor, nós te pedimos que mantenhas tua igreja e tua família continuamente em tua verdadeira religião, a fim de que os que só em ti depositam a esperança de tua graça celestial sejam sempre defendidos por teu imenso poder; por Jesus Cristo, nosso Senhor. Amém.

"QUINTO DOMINGO DEPOIS DA EPIFANIA", COLETA, LOC DA ESCÓCIA (1637)

PARA REFLETIR: Dn 2.21-23; Mt 11.28; Jo 6.27; 16.23-24; 17.22; At 8.9,18; Rm 5.16-18; 12.6-8; 1Co 12.4-11; Ef 4.7-8

(Irineu aconselha a que não nos desviemos do ensinamento dos apóstolos.)

Aprendemos sobre o plano de nossa salvação simplesmente daqueles por meio dos quais o evangelho nos foi transmitido, e isso eles fizeram antes proclamando-o em público e, em período posterior, pela vontade de Deus, passando-o para nós nas Escrituras para ser o fundamento e o pilar de nossa fé. Depois que nosso Senhor ressuscitou dos mortos, os apóstolos foram investidos com poder do alto quando o Espírito Santo desceu sobre eles, que foram repletos com seus dons e tiveram perfeito conhecimento do evangelho. Partiram rumo aos confins da terra, pregando a boa-nova das coisas boas que Deus nos enviou e proclamando a paz do céu à humanidade.

IRINEU, *CONTRA AS HERESIAS*, LIVRO 3, CAP. I, SEÇÃO I

Por todos os santos, que já descansaram,
Que a ti, na fé, ante o mundo confessaram,
Sempre seja bendito o nome de Jesus;
Aleluia.

Tu foste a Rocha, a Fortaleza e seu Poder,
Tu, Senhor, seu Capitão na luta a vencer,
Tu, nas trevas mais densas, a Luz da luz;
Aleluia.

Que teus soldados, fiéis, leais e amigos,
Lutem como lutaram santos antigos
E ganhem a coroa da vitória;
Aleluia.

WILLIAM WALSHAM HOW (1823–1897), HINÁRIO

PARA REFLETIR: Mt 28.16-20; 1Co 3.3-23; 1Pe 5.4-11; 2Pe 1.15-21; 2Jo 1.5-9; Jd 1.17-25

Os apóstolos ensinaram aos gentios que deviam abandonar o culto prestado a inúteis pedaços de madeira e de pedra, tidos por eles como deuses, e adorar o Deus verdadeiro, que criou toda a família humana. Por meio da criação Deus alimentou, aumentou, fortaleceu e preservou os seres humanos para que eles pudessem procurar seu Filho, Jesus Cristo. Com seu próprio sangue ele nos redimiu da apostasia para que fôssemos um povo santificado. Um dia ele descerá do céu com o poder de seu Pai e julgará a todos. Distribuirá generosamente as coisas boas de Deus entre os que guardaram seus mandamentos. Ele, a Pedra Angular, aparecendo nestes últimos tempos, reuniu e unificou os que estavam distantes e os que estavam perto.

IRINEU, *CONTRA AS HERESIAS*, LIVRO 3, CAP. 5, SEÇÃO 3

Por isso eu também clamo a ti, Senhor Deus de Abraão, Isaque e Jacó, e do teu povo Israel, a ti que és o Pai de nosso Senhor Jesus Cristo, o Deus que, pela abundância de tua misericórdia, mostrou bondade para conosco, a fim de que conhecêssemos a ti, que fizeste os céus e a terra, que governas sobre todas as coisas, que és o único Deus verdadeiro, acima de quem não existe outro Deus; concede-nos, por nosso Senhor Jesus Cristo, o poder de governar do Espírito Santo. Dá a cada leitor deste livro a oportunidade de te conhecer, de saber que só tu és Deus, de ser fortalecido em ti e de evitar toda doutrina herética, ateia e ímpia. Amém.

IRINEU, *CONTRA AS HERESIAS*, LIVRO 3, CAP. 6, SEÇÃO 4

PARA REFLETIR: Ef 2.17; Cl 3.1-17; 1Ts 4.1-17; 2Ts 1.7—2.3

A Palavra, que no início estava com Deus, por quem todas as coisas foram feitas, que também esteve sempre presente com a humanidade, foi, nestes últimos dias, segundo o tempo indicado pelo Pai, unida à sua própria obra. Tornou-se homem sujeito ao sofrimento. O Filho de Deus não passou a existir então, pois estava com o Pai desde o início; mas, quando se encarnou e se fez homem, ele resumiu em si mesmo, como um segundo Adão, a longa linhagem de seres humanos e, de maneira breve e abrangente, nos forneceu a salvação. O que havíamos perdido em Adão — isto é, nossa formação à imagem e semelhança de Deus — isso nós recuperamos em Cristo Jesus.

IRINEU, *CONTRA AS HERESIAS*, LIVRO 3, CAP. 18, SEÇÃO 1

Deus Todo-poderoso, que nos deste teu Filho unigênito para ele assumir nossa natureza e neste dia nascer de uma virgem pura, concede-nos que, sendo regenerados e feitos filhos teus por adoção e graça, nós sejamos diariamente renovados por teu Santo Espírito, pelo mesmo nosso Senhor Jesus Cristo, que vive e reina contigo e com o Espírito Santo, agora e para sempre. Amém.

"DIA DO NATAL", COLETA, LOC DA ESCÓCIA (1637)

PARA REFLETIR: Jo 1.1-3; Rm 1.1-6,18-32; 5.1-21; 1Co 15.47; Ef 1.3-14

Como não era possível que o homem, que de uma vez por todas havia sido conquistado pelo pecado e destruído por sua desobediência, pudesse restaurar a si mesmo e obter o preço da vitória; e como também fosse impossível que aquele que havia caído sob o poder do pecado chegasse à salvação, o Filho assim realizou essas duas façanhas, sendo ele a Palavra de Deus, descendendo do Pai, assumindo a encarnação, humilhando-se até a morte, consumando o plano concebido para nossa salvação.

Irineu, Contra as heresias, livro 3, cap. 18, seção 2

Deus Todo-poderoso, que deste teu Filho unigênito para que fosse para nós tanto um sacrifício quanto um exemplo de vida piedosa, dá-nos a graça de sempre recebermos, com a máxima gratidão, aquele seu inestimável benefício e também de nos esforçarmos diariamente para seguir os abençoados passos de sua santíssima vida por intermédio do mesmo Jesus Cristo, nosso Senhor. Amém.

"Segundo domingo depois da Páscoa", Coleta, LOC da Escócia (1637)

PARA REFLETIR: Jo 10.17-18; Rm 10.6-7; 10.9; 14.9; 1Co 1.23; Gl 3.22-29; Ef 1.8-12

Se Cristo só pareceu sofrer, mas não sofreu de verdade, então, quando nós sofrermos, parecerá que ele nos iludiu. Ele nos exortou a suportar o sofrimento e a oferecer a outra face. Se ele só pareceu sofrer, nós estaríamos acima do Mestre, porque de fato sofremos. Aguentaríamos o que nosso Mestre nunca sofreu ou suportou. Mas, sendo que nosso Senhor é, só ele, nosso Mestre de verdade, assim também o Filho de Deus é de verdade bom e paciente, a Palavra de Deus, o Pai, tendo-se de verdade tornado Filho do Homem. Ele lutou e conquistou, pois foi homem que combateu pelos nossos pais e, mediante a obediência, eliminou a desobediência por inteiro. Ele dotou a obra de suas próprias mãos com a salvação mediante a destruição do pecado. Pois é um Senhor santíssimo e misericordioso e ama a raça humana.

IRINEU, *CONTRA AS HERESIAS*, LIVRO 3, CAP. 18, SEÇÃO 6

Ó Deus Todo-poderoso, concede-nos a fonte da regeneração e a vestimenta da incorruptibilidade, que é a vida verdadeira. Livra-nos da impiedade, não dês vantagem ao adversário contra nós e purifica-nos de toda sujeira da carne e do espírito. Mora em nós por teu Cristo, abençoa-nos quando sairmos e quando chegarmos e ordena nossas atividades para nosso bem e para tua glória. Faz-nos partícipes dos teus divinos mistérios por meio de Cristo, que é nossa esperança, que morreu por nós, por quem glória e adoração sejam dadas a ti no Espírito Santo para sempre. Amém.

LITURGIA CLEMENTINA (FINAL DO SÉC. 4), EM *CONSTITUIÇÕES DOS SANTOS APÓSTOLOS*, LIVRO 8, SEÇÃO 2.6

PARA REFLETIR: Mt 5.13,39; 12.29; 26.45; 27.45-50; Mc 15.34; Fp 2.7; Hb 2.9; 4.15; 12.2-3; 1Pe 1.11; 2.21-23

(Irineu mostra a necessidade da plena humanidade e plena divindade de Cristo.)

O Senhor santíssimo e misericordioso fez a natureza humana dividir-se para unificar-se com Deus. Se como homem a Palavra encarnada não tivesse vencido o inimigo do homem, o inimigo não teria sido legitimamente derrotado. E se Deus não nos tivesse voluntariamente dado a salvação, nós nunca poderíamos tê-la com segurança. E se os homens não tivessem se unido com Deus, nós nunca poderíamos nos ter tornado partícipes da incorruptibilidade. Pois coube ao Mediador entre Deus e a humanidade, por seu relacionamento com ambas as partes, criar amizade e harmonia entre Deus e o homem. Cristo apresentou o homem a Deus e revelou Deus ao homem. Pois como poderíamos ter sido adotados como filhos de Deus se não tivéssemos recebido dele, mediante seu Filho, a comunhão que nos une a Deus? Isso não poderia ter acontecido se a Palavra de Deus, tendo-se feito carne, não houvesse estabelecido uma comunhão conosco.

IRINEU, *CONTRA AS HERESIAS*, LIVRO 3, CAP. 18, SEÇÃO 7

Ó nascimento que é sempre bendito,
Quando a virgem, cheia de graça,
Pelo Espírito Santo concebendo,
Gerou o Senhor da raça,
E o Menino, o Redentor deste mundo,
Nos mostrou sua sagrada face,
Sempre com seu amor profundo!
AURÉLIO CLEMENTE PRUDÊNCIO (348–410 D.C.), DA TRAD. DE
JOHN M. NEALE (1854) E HENRY W. BAKER (1859), HINÁRIO

PARA REFLETIR: Dt 32.4; Rm 5.11-19; Ef 1.3-12; Fp 2.6-8

Convinha àquele que estava fadado a destruir o pecado e resgatar a humanidade do poder da morte que ele próprio fosse transformado naquela mesma coisa, isto é, em homem, que fora arrastado pelo pecado à escravidão e era prisioneiro da morte. O pecado tinha de ser destruído pelo homem [o Cristo encarnado] para que a humanidade pudesse ser liberta da morte. Como pela desobediência do único homem que foi originalmente moldado da terra virgem os muitos outros homens se tornaram pecadores e perderam o direito à vida, assim também era necessário que pela obediência de um único homem que originalmente nasceu de uma virgem muitos outros fossem justificados e recebessem a salvação. Assim, a Palavra de Deus se fez homem. Se ele falsamente aparentasse ser humano, então sua obra não seria verdadeira. Mas o que ele parecia ser, isso ele era. Deus resumiu em si mesmo a antiga formação do homem, para poder destruir o pecado, privar a morte de seu poder e dar vida à humanidade. Portanto, suas obras são verdadeiras.

IRINEU, *CONTRA AS HERESIAS*, LIVRO 3, CAP. 18, SEÇÃO 7

Agora, àquele que é capaz de nos trazer todos para seu reino eterno, por sua graça e bondade, por meio de seu Filho unigênito Jesus Cristo, a ele sejam a glória, a honra, o poder e a majestade para sempre. Amém.

O MARTÍRIO DE POLICARPO, CAP. 20

PARA REFLETIR: Mt 20.22; 26.39; Mc 10.38; Rm 5.19; Hb 2.4—3.1

O verdadeiro conhecimento, portanto, consiste no entendimento de Cristo, que Paulo denomina a sabedoria de Deus escondida em mistério, que "o homem natural não aceita". É a doutrina da cruz, que se alguma pessoa "provar", ele ou ela passará a rejeitar as discussões e ninharias dos orgulhosos e empertigados que se intrometem em coisas sobre as quais nada entendem. A sabedoria de Deus não é reservada: "A mensagem está bem perto; está em seus lábios e em seu coração". A sabedoria de Deus é fácil de compreender para todos os que estão dispostos a obedecer.

IRINEU, *FRAGMENTOS DOS ESCRITOS PERDIDOS DE IRINEU*, Nº 36

Deus, a força de todos os que confiam em ti, acolhe com tua misericórdia nossas orações; e, porque a fraqueza de nossa natureza mortal nada pode fazer de bom sem ti, concede-nos o auxílio de tua graça, a fim de que, observando teus mandamentos, agrademos a ti tanto em vontade quanto em atos; por Jesus Cristo, nosso Senhor. Amém.

"PRIMEIRO DOMINGO DEPOIS DA TRINDADE", COLETA, LOC DA ESCÓCIA (1637)

PARA REFLETIR: **Dt 30.14; Rm 10.1-17; 1Co 2.14;** Cl 2.18; 1Tm 6.4-5; 1Pe 2.3

A sabedoria de Deus nos tornará semelhantes a Cristo se experimentarmos "o poder de sua ressurreição e a participação de seus sofrimentos". Pois esta é a essência dos ensinamentos dos apóstolos e a mais santa "fé que nos foi confiada", que até mesmo os incultos conseguem compreender e os de pouco conhecimento conseguem ensinar a outros. Não damos atenção a "genealogias intermináveis"; antes, procuramos levar uma vida honesta, para evitar que, privados do Divino Espírito, deixemos de alcançar o reino dos céus. Por certo, a coisa mais importante é dizer não a si mesmo e seguir a Cristo. Os que assim fazem avançam rumo à perfeição, tendo cumprido a vontade do Mestre. Eles se tornam filhos de Deus pela regeneração espiritual e herdeiros do reino dos céus. Os que buscam o reino dos céus nunca serão abandonados.

IRINEU, *FRAGMENTOS DOS ESCRITOS PERDIDOS DE IRINEU*, Nº 36

Vem, Espírito Santo, vem!
De tua casa celeste vem
Tua luz divina derramar!
Vem, tu que és o Pai do pobre!
Vem, Fonte de tudo o que é nobre!
Vem em nosso peito brilhar!

AUTOR DESCONHECIDO (SÉC. 12), DA TRAD.
DE EDWARD CASWALL (1849), HINÁRIO

PARA REFLETIR: 1Co 1.11-31; Fp 3.6-16; 1Tm 1.4; Hb 2.1-3; **Jd 1.3**

Quem está familiarizado com os ensinamentos dos apóstolos sabe que o Senhor instituiu uma nova oblação [oferta] na nova aliança. João declara em Apocalipse que o incenso "são as orações dos santos". Paulo nos exorta dizendo que apresentemos o nosso corpo "por sacrifício vivo, santo e agradável a Deus, que é o culto racional de vocês". E de novo: "ofereçamos um sacrifício constante de louvor a Deus, o fruto dos lábios que proclamam seu nome". Essas novas oblações não estão de acordo com a lei; estão de acordo com o Espírito, porque devemos prestar culto a Deus "em espírito e em verdade".

IRINEU, *FRAGMENTOS DOS ESCRITOS PERDIDOS DE IRINEU*, Nº 37

Ó Deus real, que és do poder Senhor,
Que o tempo em fases mudas com rigor,
Mandando a luz matinal que irradia
E o grande fulgor dum perfeito dia;

Extingue todo ardor pecaminoso,
Afasta todo desejo maldoso,
Mantendo nosso corpo todo intato,
Em nossa alma derrama paz e acato.

Ó Pai, que o que pedimos seja feito
Por Jesus Cristo, teu Filho perfeito,
Que contigo e o Santo Espírito ardente
Reinando há de viver eternamente.

AMBRÓSIO (340–397 D.C.), DA TRAD. DE
JOHN M. NEALE (1852), HINÁRIO

PARA REFLETIR: Jo 4.19-26; Rm 12.1-2; Hb 13.7-16; Ap 5.8-10

As Escrituras reconhecem em relação a Cristo que, sendo ele o Filho do Homem, não é portanto meramente um homem; sendo ele carne, é também espírito e a Palavra de Deus e Deus. E, tendo nascido de Maria nos últimos tempos, assim também ele procedeu de Deus como o Primogênito de todas as criaturas; e, tendo ele passado fome, assim também saciou a fome de outros; e, tendo sentido sede, também outrora deu de beber aos judeus, pois a "Rocha era Cristo" em pessoa. Jesus agora confere a quem nele crê poder para beber das águas espirituais que jorram para a vida eterna.

Irineu, Fragmentos dos escritos perdidos de Irineu, nº 52

Somos, vivemos, andamos em ti, Criador;
Glória, poder, louvor a ti por teu amor.
Reúnam-se todos os anjos nas alturas,
E alegres respondam da terra as criaturas.

Encarnada deidade, a raça redimida
Para sempre agradece a graça recebida;
Dizem os céus que a graça ao pecador te mostrou
E clamam: "O Cordeiro de Deus nos salvou!".

Espírito dos santos, deles é o dever
De adorar tua força e inovante poder;
Ninguém do teu amor conhece a profundeza,
Nem o indizível prazer de tua santa beleza.

Charles Wesley (1707–1788), Hinário

PARA REFLETIR: Jo 4.14; 8.52-59; 20.22; **1Co 10.4;** 2Co 13.4; Ef 4.9-10; 1Jo 1.1-2; **Ap** 1.8-18; 5.13-14; **7.10**

A Lei, os Profetas e os Evangelhos declararam que Cristo nasceu de uma virgem e sofreu na cruz, foi também ressuscitado dos mortos e levado ao céu; que ele foi glorificado e reina para sempre. Ele é o Homem entre os homens, Filho no Pai, Deus em Deus, Rei para toda a eternidade. Foi vendido com José, e guiou Abraão; foi amarrado com Isaque, e andou errante com Jacó; com Moisés ele foi Líder e, em relação ao povo, Legislador. Ele pregou nos profetas, encarnou-se na virgem, foi parido cm Belém e recebido por João e batizado no Jordão; foi tentado no deserto e comprovado Senhor. Reuniu os apóstolos e pregou o reino dos céus, deu luz aos cegos e ressuscitou os mortos, foi visto no templo, mas não foi considerado digno de crédito pelo povo; foi preso pelos sacerdotes, conduzido à presença de Herodes e condenado perante Pilatos; manifestou-se no corpo, foi suspenso no madeiro e foi ressuscitado dos mortos; foi mostrado aos apóstolos e, tendo sido levado ao céu, senta-se à direita do Pai e é por ele glorificado como a Ressurreição dos mortos — ele é Jesus Cristo, nosso Salvador.

Irineu, Fragmentos dos escritos perdidos de Irineu, nº 54

Deus Todo-poderoso, tu derramaste sobre nós a nova luz de tua Palavra encarnada; concede-nos que essa luz, acesa em nosso coração, brilhe em nossa vida, por meio de Jesus Cristo, nosso Senhor, que vive e reina contigo, na unidade do Espírito Santo, um só Deus, agora e para sempre. Amém.

"Primeiro domingo depois do Natal", Coletas:
contemporâneas, LOC

PARA REFLETIR: Mt 1.18-23; Lc 1.26-38; 4.1-13; Jo 8.12; 12.46-50; 20.1-31; 1Co 10.1-4; 1Tm 2.3-6; Tt 3.3-7

Durante o processo de crescimento, ninguém espera maturidade ou completo desenvolvimento de uvas ou figos prematuros. Qualquer um pode ver que a fruta, embora parcialmente madura, ainda é um pouco imperfeita. Nem por isso o vinhateiro despreza a uva imatura considerando-a inútil. Ele simplesmente a colhe com prazer por ter aparecido cedo em sua época. Tampouco ele pergunta se a uva prematura tem um dulçor perfeito. Não, de imediato sente satisfação ao pensar que essa uva apareceu antes do restante da safra. De igual modo, quando Deus vê fiéis dotados de sabedoria, embora imperfeita, e tendo apenas um pequeno grau de fé, ele releva os defeitos deles; não os rejeita. Não, pelo contrário, em sua bondade ele os acolhe e os aceita com alegria como frutos prematuros e honra os fiéis como virtuosos. Releva a imperfeição como algo típico do vinho extraído das uvas antes da prensagem da safra madura. Ele aprecia muito os frutos imperfeitos.

IRINEU, *FRAGMENTOS DOS ESCRITOS PERDIDOS DE IRINEU*, Nº 55

Ó Deus, que maravilhosamente criaste e de modo ainda mais maravilhoso restauraste a dignidade da natureza humana, concede-nos que compartilhemos da vida divina daquele que se humilhou para participar de nossa humanidade, teu Filho Jesus Cristo, que vive e reina contigo, na unidade do Espírito Santo, um só Deus, para todo o sempre. Amém.

"SEGUNDO DOMINGO DEPOIS DO NATAL", COLETAS:
CONTEMPORÂNEAS, LOC

PARA REFLETIR: Mt 5.13-16, 45; 6.9-15; Lc 12.31-32; Jo 15.1-16;
Rm 14.3-4,17-23

114

(Irineu discute o caráter trinitário da salvação.)

A regeneração passa por estas três fases: Deus, o Pai, nos concede a regeneração mediante seu Filho pelo Espírito Santo. Pois todos os que são guiados pelo Espírito de Deus são guiados para a Palavra, isto é, para o Filho; e o Filho os traz para o Pai; e o Pai lhes confere a incorruptibilidade. Sem o Espírito não é possível contemplar a Palavra de Deus; tampouco sem o Filho pode alguém se aproximar do Pai. Pois o conhecimento do Pai é o Filho, e o conhecimento do Filho de Deus vem pelo Espírito Santo; e, em conformidade com o beneplácito do Pai, o Filho ministra e dispensa o Espírito a qualquer pessoa que o Pai e ele quiserem.

IRINEU, *A DEMONSTRAÇÃO DA PREGAÇÃO APOSTÓLICA*, § 5

Deus Todo-poderoso e eterno, a nós, teus servos, tu concedeste, mediante a confissão da verdadeira fé, a graça de reconhecer a glória da eterna Trindade e, no poder de tua divina Majestade, adorar a Unidade; mantém-nos firmes nessa fé e adoração, e finalmente leva-nos, ó Pai, a contemplar-te em tua una e eterna glória; tu que com o Filho e o Espírito Santo vives e reinas, um só Deus, para todo o sempre. Amém.

"PRIMEIRO DOMINGO DEPOIS DE PENTECOSTES", COLETAS: CONTEMPORÂNEAS, LOC

PARA REFLETIR: Mt 12.28; 28.19, Lc 1.25, 3.22; Jo 1.32, 14.16-26; At 1.2-5; 2Co 1.21-22; 3.17; 13.14; Gl 4.4-5

Deus, o Pai, foi muito misericordioso. Ele nos enviou sua criativa Palavra, que, vindo para nos libertar, veio exatamente para o lugar e o ponto onde nós havíamos morrido. Ele rompeu nossas cadeias. Sua luz apareceu e fez desaparecer as trevas de nossa prisão. Ele santificou nosso nascimento e destruiu a morte. Manifestou nossa ressurreição ao tornar-se o Primogênito dos mortos. Levantou os caídos e nos fez subir ao céu, para a mão direita da glória do Pai.

Irineu, A demonstração da pregação apostólica, § 38

Ó Deus, cujo abençoado Filho veio ao mundo para poder destruir as obras do diabo e tornar-nos filhos de Deus e herdeiros da vida eterna, concede-nos que, alimentando essa esperança, nós nos purifiquemos e sejamos puros como ele, para que, vindo ele novamente com poder e grande glória, nós a ele nos assemelhemos em seu eterno e glorioso reino, onde ele vive e reina contigo e com o Espírito Santo, um só Deus, para todo o sempre. Amém.

"Próprio 27", Coletas: contemporâneas, LOC

PARA REFLETIR: Fp 2.5-10; Hb 4.14-16; 5.5-10; 10.7-23; Tg 5.11; 2Pe 3.9,15

(Irineu discute os apóstolos e sua mensagem.)

Tendo recebido o poder do Espírito Santo, os apóstolos foram enviados por Cristo para o mundo todo. Efetuaram o chamado dos gentios e mostraram à humanidade o caminho da vida. Afastaram as pessoas dos ídolos, da fornicação e da ganância, purificando-lhes a alma e o corpo pelo batismo da água e do Espírito Santo. Comunicaram o Espírito Santo a todos os que creram; assim comandaram e estabeleceram igrejas. Por fé, amor e esperança, firmaram o que foi predito pelos profetas — o chamado dos gentios — de acordo com a misericórdia de Deus que a eles foi estendida. Mediante o ministério, trouxeram o evangelho à luz. Os gentios foram admitidos na promessa feita aos pais, isto é, que àqueles que cressem no amor do Senhor e permanecessem em santidade, retidão e paciente tolerância, o Deus de todos concederia vida eterna pela ressurreição dos mortos mediante aquele que morreu e ressurgiu, Jesus Cristo. A ele o Pai confiou o poder sobre todas as coisas existentes, as vivas e as mortas, e também o julgamento.

IRINEU, *A DEMONSTRAÇÃO DA PREGAÇÃO APOSTÓLICA*, § 54

Deus Todo-poderoso, tu edificaste tua igreja sobre o alicerce dos apóstolos e dos profetas, sendo o próprio Jesus a Pedra Angular; concede-nos que nos mantenhamos unidos em espírito por meio dos ensinamentos deles, a fim de que sejamos transformados em templo aceitável a ti; por Jesus Cristo, nosso Senhor, que vive e reina contigo e com o Espírito Santo, um só Deus, para todo o sempre. Amém.

"PRÓPRIO 8", COLETAS: CONTEMPORÂNEAS, LOC

PARA REFLETIR: Rm 9.1—10.13; 1Co 4.9-13; 2Co 12.12; Ef 2.13-22; 2Pe 1.2-21

HIPÓLITO DE ROMA

As informações que temos sobre Hipólito se entrelaçam com lacunas em pontos críticos. Nasceu provavelmente entre 170 e 175 d.C. Sabemos que por volta de 212 ele estava em Roma como presbítero (sacerdote). Referia-se a si mesmo como discípulo de Irineu. Não está claro se isso de fato significa que Irineu foi seu professor ou se Hipólito se tornou discípulo dele lendo suas obras.

A natureza e extensão dos escritos de Hipólito revela um autor talentoso e com boa formação. Aproximadamente 35 obras lhe são atribuídas, algumas das quais ainda existem. Embora tenha vivido em Roma, assim como Irineu ele escreveu em grego num período em que o latim tomava o lugar do grego como língua da igreja de Roma. Sua *Refutação de todas as heresias* (dez volumes) demonstra grande familiaridade com os filósofos gregos e as heresias que envolveram a igreja antes de sua época. Como seu mestre, Hipólito tinha certeza de que a filosofia era a mãe da heresia.

Hipólito mostra forte confiança nas Escrituras para a formação da teologia e a refutação de heresias. Distorções da doutrina cristã não teriam surgido, diz Hipólito, se os responsáveis por elas tivessem sido fiéis às Escrituras como um todo, não a passagens meticulosamente escolhidas que favoreçam suas aberrantes doutrinas. Seu conselho nessa questão resistiu ao teste do tempo e chama nossa atenção na atualidade. Seu resoluto compromisso com a exegese correta, sua habilidade como apologista da fé, sua combinação de piedade e disciplina moral e seu zelo pela doutrina ortodoxa são os principais fatores pelos quais Hipólito foi e continua a ser um reverenciado pai da igreja. Um exemplo interessante de sua eminência é que, quando Orígenes visitou Roma em 212 d.C., ele foi assistir a uma palestra de Hipólito.

Hipólito entrou em colisão com Zeferino, o bispo de Roma, e com seu sucessor, Calisto. Os motivos foram provavelmente pessoais bem como doutrinais. Hipólito e os dois bispos tinham sérias discordâncias sobre a doutrina da Trindade e o sobre perdão de pecados graves cometidos após o batismo. Quando, em 217 d.C., Calisto se tornou bispo, Hipólito se recusou a reconhecê-lo. Essa decisão o levou a uma ruptura formal. Hipólito não deixou de reagir: criou sua própria igreja, da qual se tornou o bispo. Bispos rivais de Roma, ou de papas, são chamados antipapas. A rivalidade entre as duas igrejas continuou por dezoito anos. Em 235 d.C., o imperador Maximino Trácio instigou uma perseguição de cristãos e não fez nenhuma distinção entre os bispos e as igrejas rivais. Ordenou a captura e deportação de Hipólito e Ponciano, sucessor de Calisto, para a Sardenha, onde logo depois ambos faleceram (235 d.C.), supostamente como mártires. Antes de sua morte, Hipólito fez as pazes com Ponciano e a igreja romana, e recomendou que os membros de sua igreja adotassem sua reconciliação com Roma. Depois da morte de Ponciano e Hipólito, seus corpos foram trasladados para Roma e ali sepultados.

Ao contrário de Novaciano, Hipólito morreu em restaurada comunhão com a igreja de Roma. Consequentemente, a Igreja Católica Romana reverencia Hipólito como santo e mártir. Em 1551, uma estátua de mármore de Hipólito sentado numa cadeira foi descoberta em Roma, perto da antiga Igreja de São Lourenço.

(Discutindo a fonte de heresias, Hipólito fornece conselhos atemporais para a igreja.)

Sempre que os hereges procuram solapar a fé cristã, eles primeiro mutilam as Escrituras. Se as tratassem em sua totalidade, entenderiam sem errar por que a Bíblia foi escrita. Existe, irmãos, um só Deus, e o conhecimento dele nós só o conseguimos das Sagradas Escrituras e de nenhuma outra fonte. Pois assim como alguém que deseja ser habilidoso na sabedoria deste mundo não conseguirá seu intento sem antes dominar o que ensinam os filósofos, também todos nós que desejamos praticar a crença cristã não poderemos aprender sua prática de qualquer outra fonte que não sejam os oráculos de Deus. Aquilo, portanto, que as Sagradas Escrituras declaram, isso é o que estudaremos; e o que quer que elas ensinem, isso é o que adoraremos; e o que o Pai quer que nós creiamos, é nisso que creremos; e como ele quer que o Espírito Santo nos seja concedido, assim é que o receberemos.

Hipólito, Contra a heresia de um certo Noeto, § 4, 9

Ó Cristo, Palavra encarnada,
Sabedoria das alturas,
Verdade eterna e imutável,
Luz nas horas mais escuras!
Louvamos teu facho de luz
Que emite a Escritura Sagrada;
Lanterna para nossos passos,
Brilhando vai, sempre amada.

William Walsham How (1823–1897),
Hinário

PARA REFLETIR: Jo 16.13-15; 17.1-8; Rm 10.9-13; 15.1-9; 16.24-27; 1Co 15.1-8; Gl 3.8-14; 1Pe 4.16; Ap 15.1-4

Creiamos, então, queridos irmãos, de acordo com a tradição dos apóstolos. Deus, a Palavra, desceu do céu e entrou na virgem santa Maria. Tomando dela a carne, assumindo também alma racional, humana, e tornando-se tudo o que é próprio do homem, com exceção do pecado, ele redime a humanidade decaída e confere imortalidade a todos os que creem em seu nome. Em tudo, portanto, a palavra da verdade nos é demostrada, isto é, que o Pai é Um, cuja Palavra está presente com ele, e por ela ele fez todas as coisas, e nos últimos tempos o Pai também a enviou para a salvação da humanidade. Essa Palavra foi pregada pela Lei e os Profetas como sendo escolhida para vir ao mundo na encarnação. Tal como foi pregada, assim ela veio e se manifestou, como a nova humanidade feita pela Virgem e o Espírito Santo. Nesse sentido ela exibia a natureza divina do Pai e, tomando para si a humanidade por meio da Virgem, veio para o mundo, revelada como Deus em perfeita forma humana. Pois não foi em mera aparência, mas foi em verdade que a Palavra se tornou homem.

HIPÓLITO, *CONTRA A HERESIA DE UM CERTO NOETO*, § 17

Ó Deus, que por meio do teu grande e inefável amor te dignaste assumir a fraqueza dos teus servos e nos deste no evangelho a vida eterna, preserva-nos na santificação do teu Espírito Santo. Tendo sido feitos santos, recebamos a participação e a herança com todos os teus santos que te agradaram desde o início do mundo. Nós vivemos à luz do teu semblante, pela misericórdia do teu Filho unigênito, nosso Senhor e Deus e Salvador Jesus Cristo. Com ele tu és abençoado, juntamente com teu sumamente santo, bom e vivificante Espírito. Bendito e glorificado é teu sumamente precioso e glorioso nome, Pai, Filho e Espírito Santo, agora e para toda a eternidade. Amém.

A DIVINA LITURGIA DO SANTO APÓSTOLO TIAGO (C. 150-200 D.C.)

PARA REFLETIR: 1Is 5.1-11; 2Tm 2.1-7; Tg 4.7-8; 1Jo 5.1-5; Jd 1.3-4

Embora, segundo a revelação, ele seja Deus encarnado, Jesus Cristo não recusa as condições da existência humana. Ele sente fome, fadiga e sede quando está exausto. Foge de quem quer matá-lo e ora nos momentos difíceis. Ele que como Deus tem uma natureza sempre alerta, todavia cochila sobre um travesseiro. Ele que veio para este mundo a fim de sofrer, todavia ora pedindo que lhe seja afastado o cálice do sofrimento. Ele que fortalece quem nele crê, todavia na hora da agonia transpira sangue. E ele que sabia que tipo de pessoa era Judas, todavia foi por ele traído. Ele que julgará todo o mundo, todavia foi julgado por Caifás, considerado desprezível por Herodes e açoitado por Pilatos. Ele que com um aceno faz aparecer milhares de milhares e miríades de miríades de anjos e arcanjos, todavia foi escarnecido por soldados romanos. Ele que criou os céus, todavia é atado a uma cruz de madeira. Ele que disse, referindo-se à sua vida: "Ninguém a tira de mim, mas eu mesmo a dou; tenho autoridade para entregá-la e também para tomá-la de volta", todavia inclina a cabeça e entrega seu espírito. Ele que a todos dá vida em abundância, todavia tem seu lado trespassado por uma lança. Ele que ressuscita os mortos, todavia é envolto num lençol de linho e colocado num sepulcro. E ele que, embora sendo ele mesmo a Ressurreição e a Vida, no terceiro dia é ressuscitado pelo Pai.

Hipólito, Contra a heresia de um certo Noeto, § 18

Sabedoria bondosa a tua, meu Deus!
Foi em meio à vergonha do pecado
Que para a luta do nosso resgate
O teu segundo Adão foi convocado.

John Henry Newman (1801–1890), Hinário

PARA REFLETIR: Is 53.4; Mt 17.5; 27.29; Lc 23.44-46; **Jo 10.18**; 11.51-52; 19.23-24,28-37

Todas essas coisas Cristo levou a bom termo por nós, ele que em nosso favor se tornou exatamente como somos. Pois ele "tomou sobre si nossas enfermidades e sobre si levou nossas doenças, e por nossa causa foi afligido". Esse é aquele que foi recebido com o canto dos anjos, visto pelos pastores, aguardado por Simeão e testemunhado por Ana. Esse é aquele que foi procurado pelos sábios e indicado pela estrela; ele foi encarregado da casa de Deus, apontado por João Batista e testemunhado pelo Pai na voz que veio das alturas: "Este é o meu filho amado; ouçam-no!". Ele foi coroado vitorioso contra o diabo. Esse é Jesus de Nazaré. Por causa dele o sol se escurece, o dia não tem luz, as pedras se racham, o véu do templo se rasga, as fundações da terra se abalam, os sepulcros se abrem, os mortos ressuscitam e os governantes se sentem envergonhados quando veem o Dirigente do universo na cruz, fechando os olhos e entregando o espírito. A criação se cobriu num luto de trevas. Esse é aquele que está sentado à direita do Pai, que virá de novo como Juiz dos vivos e dos mortos. Esse é o Deus que em nosso favor se tornou homem, aquele ao qual o Pai submeteu todas as coisas.

Hipólito, Contra a heresia de um certo Noetos, § 18

Ó amor, quão fundo, amplo e inefável,
Quão incompreensível e inimaginável,
Que o Filho de Deus viesse a tomar
Nossa forma mortal por nos amar.

Atribuído a Tomás de Kempis (séc. 15),
Hinário

PARA REFLETIR: Is 53.4; **Mt 17.5**; 27.39-54; At 5.31; 7.55-56; Ef 1.17-21; Cl 3.1-5; Hb 12.1-3; 1Pe 3.21-22

TERTULIANO

Tertuliano (c. 160–225 d.C.), chamado o Pai da Teologia Latina, é reconhecido como um dos pais da igreja doutrinariamente mais originais. Nascido em Cartago, por volta dos 40 anos de idade tornou-se cristão enquanto já morava em Roma, onde estudou direito e talvez tenha atuado como advogado. Depois de voltar a Cartago, Tertuliano desencadeou uma prodigiosa defesa e exposição erudita da doutrina e da prática do cristianismo que data aproximadamente de 190 a 220 d.C. De suas obras subsistem 31; pelo menos 15 se perderam.

Tertuliano foi um dos pais dos primórdios da igreja que mais produziram teologia. Alguns de seus ensinamentos a igreja depois rejeitou ou aprimorou. A igreja nunca aceitou sua crença de que a alma de todas as pessoas estava originalmente contida em Adão. Mas nós continuamos devendo a Tertuliano sua explanação da Trindade e da cristologia. Ele definiu a Trindade como três pessoas distintas que compartilham uma substância divina (três pessoas, uma substância). O Pai é Deus, o Filho é Deus e o Espírito Santo é Deus, um só Deus. Em defesa das Escrituras, Tertuliano disse aos hereges que, por terem se afastado da fé, eles perderam o direito de apelar para as Escrituras. Ao contrário de pais da igreja que acreditavam que alguns dos filósofos haviam conseguido preciosos *insights* teológicos, Tertuliano descartou duramente qualquer possível relacionamento entre filosofia e a fé cristã. Em *A prescrição dos hereges* ele lança sua famosa pergunta: "O que tem Atenas a ver com Jerusalém?" (cap. 7). Tertuliano exerceu forte influência sobre Cipriano, o bispo de Cartago, e sobre outros mestres cristãos.

Saber como avaliar Tertuliano sempre foi um desafio para a igreja. Durante anos ele ensinou e escreveu sob os bons auspícios da igreja católica. Trabalhando em Cartago, defendeu com sagacidade a fé e a igreja cristã contra seus perseguidores e hereges. Por volta do ano 207 d.C., contudo, tomou um rumo diferente ao aderir aos montanistas, seita fundada por Montano.

Possivelmente um ex-sacerdote pagão, Montano converteu-se ao cristianismo e foi batizado por volta de 155 d.C. Pouco depois, declarou-se possuído pelo Espírito Santo. Começou a profetizar e a ele logo se juntaram duas profetisas, Priscila e Maximila. Profetizavam que uma nova dispensação, a dispensação do Espírito Santo, havia sido revelada a eles. Essa era a revelação final de Deus. A nova era do Espírito superava, mas não contradizia, o que havia sido revelado no Novo Testamento. Os montanistas acreditavam que a fé dos cristãos arrefecera e que a igreja lamentavelmente relaxara sua disciplina moral. Seus ensinamentos também incluíam novos elementos de escatologia; os montanistas acreditavam que o fim do mundo era iminente e que a Nova Jerusalém seria estabelecida na cidade de Pepuza, na Frígia (o atual distrito turco de Karahalli).

Por que Tertuliano se tornou montanista? As razões não são claras. Sem dúvida, sentiu-se atraído pelo rigor moral do montanismo e por seu protesto contra a facilidade com que a igreja muitas vezes perdoava cristãos que pecavam abertamente, e ele também achava que a igreja estava se interessando mais pelo poder hierárquico que pela manifestação do Espírito Santo. Fossem quais fossem suas razões, Tertuliano jamais transigiu com seu compromisso com a doutrina ortodoxa. Ele continua a ser um importante e reverenciado pai da igreja.

Algumas das obras de Tertuliano foram escritas antes de sua adesão ao montanismo, outras depois. Em sua *Apologia* (197 d.C.), endereçada aos governantes do Império Romano, ele defende a fé cristã contra os detratores pagãos. Em numerosas obras, ataca várias heresias, inclusive os ensinamentos de Marcião, segundo o qual o Antigo e o Novo Testamento representavam dois "Deuses" irreconciliáveis. *Aos pagãos* e *O testemunho da alma* tecem comentários sobre as perseguições e como os cristãos reagiam a elas. *Aos mártires* é uma obra que consola e exorta cristãos presos destinados ao martírio mediante o confronto com leões, além de exaltar o heroísmo deles como soldados de Cristo. Tertuliano produziu muitas outras obras que tratam de preocupações práticas e ensinam os cristãos a levar uma vida piedosa num mundo pagão.

(A "festa do amor" ou a "refeição do ágape" do início do cristianismo se distinguia da Eucaristia, mas estava intimamente associada a ela.)

Assim como nossa festa do amor começou com uma oração, também com uma oração ela termina. Não saímos dela como bandos de malfeitores ou de vagabundos, nem decididos a praticar atos libidinosos, mas sim tendo de tomar todo o cuidado da modéstia e castidade como se houvéssemos frequentado uma escola de virtude, e não uma festa. Que seja condenada nossa festa do amor caso se possa apresentar contra ela alguma queixa. Mas quem alguma vez sofreu injustiça por causa de nossas assembleias? Em nossas congregações nós somos exatamente o que somos quando estamos separados uns dos outros; como comunidade somos o que somos como indivíduos. Não fazemos mal a ninguém; não importunamos ninguém. Quando os honestos, quando os virtuosos se reúnem, quando os piedosos, quando os puros se juntam em congregação, não se deveria chamar isso de facção rebelde, mas sim de cúria, isto é, a corte de Deus.

TERTULIANO, *APOLOGIA*, CAP. 39

Deus Todo-poderoso, tu nos deste a graça nesta ocasião de, em unanimidade, dirigir a ti nossa súplica comum; e tu nos prometeste, por meio de teu bem-amado Filho, que quando dois ou três estão reunidos em seu nome, tu estarás no meio deles; atende agora, Senhor, nossos desejos e nossas preces como for melhor para nós, concedendo-nos neste mundo o conhecimento de tua verdade e vida eterna na era vindoura. Amém.

"ORAÇÃO DE SÃO CRISÓSTOMO", ORAÇÃO VESPERTINA DIÁRIA: RITO 2, LOC

PARA REFLETIR: At 2.46; Rm 12.3-21; 1Co 12.12-31; Ef 5.25—6.17

O principal crime da humanidade, a maior culpa imputada ao mundo, o erro primário que levou à condenação, é a idolatria. Pois, embora cada erro guarde sua característica distinta, embora cada erro seja destinado a um julgamento sob seu próprio nome, mesmo assim ele é identificado sob a conta geral da idolatria. Deixemos os nomes à parte; examinemos os fatos individuais; a idolatria é também assassina. Na idolatria todos os crimes estão presentes, e em todos os crimes está presente a idolatria. Isso porque todos os erros provêm da oposição a Deus. E não existe nada que tenha o gosto de oposição a Deus que não seja atribuído a demônios e espíritos impuros, cuja propriedade são os ídolos.

Tertuliano, *A idolatria*, cap. i

Santo Espírito, tua divina luz
No meu coração introduz;
A noite com suas trevas manda embora
E faz da escuridão nova aurora.

Santo Espírito, todo divindade,
Torne este coração tua propriedade;
Tira meus ídolos do teu caminho
E reina supremo, absoluto, sozinho.

Andrew Reed (1787–1862), Hinário

PARA REFLETIR: Êx 20.3-6; Is 44.9-20; Jr 7.21-28; 2Co 10.17; Gl 5.19-21; Cl 3.5; 1Jo 5.21

Muitos ramos tem a idolatria; ela se propaga através de muitas veias. Devemos nos precaver com diligência contra sua expansão. A idolatria pode corromper os servos de Deus de muitas maneiras, não apenas quando ela é evidente, mas também quando chega disfarçada. A maioria das pessoas só a reconhece quando ela é praticada em público, como quando alguém queima incenso para um ídolo, sacrifica um animal, oferece um banquete sacrificial ou guarda vínculos com alguma função ou sacerdócio pagãos. Diante da disciplina do Senhor pela qual ele nos fortalece, a criatividade maliciosa do diabo teria raio de ação restrito, caso a idolatria se limitasse apenas a suas manifestações explícitas. Nossa retidão não transcenderá à dos escribas e fariseus se não reconhecermos as muitas maneiras pelas quais se pode praticar a idolatria. A fonte de toda iniquidade é a idolatria. Devemos nos fortalecer contra suas múltiplas manifestações, não apenas contra suas expressões flagrantes.

Tertuliano, A idolatria, cap. 2

Ó Senhor Deus Todo-poderoso, Pai do teu Cristo, teu abençoado Filho; tu que nos separaste da comunhão dos ímpios, junta-nos aos que em santidade estão consagrados a ti; confirma-nos na verdade pela assistência do teu Espírito Santo; revela-nos o que ignoramos, supre aquilo em que somos deficientes e confirma-nos no que já conhecemos. Abençoa os que se curvam diante de ti. Concede-lhes as preces de seu coração que são para o bem deles. E não excluas nenhum deles do teu reino; antes, santifica-os e ajuda-os; livra-os do opositor e de todos os inimigos; guarda suas casas e protege-os quando saírem e quando chegarem. Pois a ti pertencem a glória, o louvor e a adoração, e a teu Filho Jesus, teu Cristo, nosso Senhor e Deus e Rei, e ao Espírito Santo, para todo o sempre. Amém.

Liturgia clementina (final do séc. 4), em Constituições dos santos apóstolos, livro 8, seção 2.15

PARA REFLETIR: Dt 12.32—13.18; **Sl 121.8**; Os 11.1-4; Rm 1.18-32; Ap 9.20

Entre os muitos recifes e passagens, entre os muitos baixios e estreitos da idolatria, a Fé, com suas velas enfunadas pelo Espírito de Deus, navega em segurança. Ela está a salvo, se for cautelosa; é segura, se vigiar com atenção. Os que são atirados ao mar pela idolatria perecerão; serão engolidos por um redemoinho de água. Seu navio encalhará e será destroçado. As ondas da idolatria sufocarão; seus turbilhões arrastarão a pessoa para o fundo até a morte. Que nenhum cristão diga: "Quem pode ser cuidadoso a esse ponto? Seria preciso primeiro deixar este mundo". Nada pode ser mais fácil que precaver-se contra a idolatria se nosso medo dela for nosso maior medo. Qualquer esforço para guardar-se da idolatria é desprezível quando comparado à ameaça que ela representa.

Tertuliano, A idolatria, cap. 24

Eu tenho uma tarefa muito dura:
Um Deus a glorificar!
Uma alma imorredoura manter pura
E digna do céu guardar.

Equipa-me com zeloso cuidado,
Pois sob teu olhar vou viver;
Teu servo, Senhor, deixa preparado,
Sua conta exata deve ser.

Ajuda-me a orar e a ser vigilante
E de ti somente depender,
Certo de que se a confiança eu trair
Eu vou para sempre morrer.

Charles Wesley (1708–1788), Hinário

PARA REFLETIR: Êx 23.13; Jr 10.1-15; 44.24-27; Gl 4.6-9; Ap 2.14; 17.1-6; 21.8

O apóstolo Paulo classifica como herege qualquer pessoa que opta pela adoção pessoal de doutrinas falsas e depois passa a ensiná-las a outros. Tal pessoa condena a si mesma. Não temos permissão para adotar nenhuma doutrina criada por nossa própria vontade ou adotar qualquer coisa que alguém criou a partir de sua própria fantasia. Nem mesmo os apóstolos introduziram por sua conta alguma doutrina; pelo contrário, eles transmitiram às nações o ensinamento que receberam de Cristo. Portanto, ainda que "um anjo do céu pregue um evangelho diferente" daquele ensinado pelos apóstolos, ele deve ser amaldiçoado.

TERTULIANO, A PRESCRIÇÃO DOS HEREGES, CAP. 6

Deus Todo-poderoso, tu revelaste à tua igreja teu eterno Ser de gloriosa majestade e perfeito amor como um Deus numa Trindade de Pessoas; dá-nos a graça de permanecer firmes na confissão dessa fé e constantes em nossa adoração a ti, Pai, Filho e Espírito Santo; pois tu vives e reinas, um só Deus, agora e para sempre. Amém.
"DA SANTA TRINDADE", COLETAS: CONTEMPORÂNEAS, LOC

PARA REFLETIR: Dt 13.1-4; Mt 5.17-20; 7.15-20; 2Co 11.14; **Gl 1.8**; 5.20; Tt 3.10-11

Onde se encontra a heresia, ali deve primeiro ter existido a corrupção das Escrituras e de sua interpretação. As Escrituras são os instrumentos da doutrina cristã. Falsos mestres não teriam chegado a seus ensinamentos heréticos de nenhuma outra maneira que não pela manipulação do Novo Testamento. Assim como no caso deles, a corrupção da doutrina não teria acontecido se não houvesse primeiro o abuso das Escrituras; ainda assim, para nós a integridade da doutrina não poderia ser preservada sem a preservação da integridade das Escrituras, a salvaguarda da doutrina. Ora, existe algo nas Escrituras que se oponha ao modo como vivem os cristãos? O que introduzimos nós por nossa própria iniciativa? O que as Escrituras ensinam, isso é o que nós somos em nossa conduta e assim temos sido desde o início. Fomos formados pelas Escrituras antes que os hereges aparecessem e acrescentassem suas errôneas construções.

TERTULIANO, A PRESCRIÇÃO DOS HEREGES, CAP. 38

Da igreja a única fundação
É Jesus Cristo, sua Palavra;
Ela é sua nova criação
Pelo batismo em sua água.

Procurando noiva santa,
Do céu ele desceu;
Com seu sangue a comprou,
Por sua vida morreu.

SAMUEL JOHN STONE (1839–1900), HINÁRIO

PARA REFLETIR: Jr 2.8; 5.10-14; Rm 16.17-18; 2Co 2.16-17; 11.1-4; Ef 4.14; 2Tm 3.13-17

(Tertuliano resume seus pensamentos sobre a Oração do Senhor.)

Em tão poucas palavras, quantas declarações dos profetas, dos evangelhos, dos apóstolos; quantos discursos, exemplos, parábolas do Senhor são mencionados! Quantos deveres cristãos são ao mesmo tempo proclamados! Honrar a Deus no "Pai nosso"; afirmar o testemunho da fé no "nome" de Deus; oferecer obediência à "vontade" de Deus; comemorar a esperança no "reino"; orar pela vida no "pão"; reconhecer nossas dívidas no pedido de "perdão"; e admitir o ansioso temor da tentação no pedido de "livramento". Por que a surpresa? Somente Deus poderia nos ensinar como devemos orar a ele. A expressão da oração, portanto, ordenada por Deus e inspirada pelo Espírito Santo, sobe ao céu, confiando ao Pai tudo o que o Filho nos ensinou.

TERTULIANO, *A ORAÇÃO*, CAP. 9

———————————

Meu Deus, eu quero te exaltar
E ver teu nome louvado,
E divulgar a tua bondade
Sempre dizendo: "Obrigado!".

Grande é o Senhor e poderoso,
Digno de todo louvor;
É tão imensa a sua grandeza
Que nem sabemos supor.

O SALTÉRIO: COM LEITURAS RESPONSIVAS (1912), Nº 399, HINÁRIO

———————————

PARA REFLETIR: Mt 6.9-13; 26.39,42,44-75; **Lc 11.2-4;** Jo 17.1-26; Hb 4.11-16

Onde Deus está, ali também está sua filha Paciência. Quando o Espírito de Deus desce dos céus, a Paciência o acompanha. Se não a deixarmos entrar juntamente com o Espírito, acaso ele continuará a ficar conosco? Não, eu não sei se ele ainda ficaria. Sem sua companheira e criada, ele deve necessariamente sentir-se angustiado em qualquer lugar e a qualquer momento. Fossem quais fossem os golpes que seu inimigo viesse a desferir, sem a Paciência ele seria incapaz de suportá-los. A Paciência é um meio instrumental de perseverança.

TERTULIANO, *A PACIÊNCIA*, CAP. 15

Sê nosso guia, Pai, sê nosso guia,
Neste vasto e tenso mar;
Sustenta teu povo, guarda e guia,
Tu somente há de nos ajudar;
Bênção após bênção teremos,
Se tu, Pai, conosco estar.
JAMES EDMESTON (1791–1867), HINÁRIO

PARA REFLETIR: 1Co 13.4-7; 2Co 6.1-10; Gl 5.22-26; Ef 4.1-3; Cl 3.12-13; 2Tm 3.10-12

CIPRIANO DE CARTAGO

Em qualquer cordilheira há picos majestosos que assomam sobre outros. O mesmo se confirma para os pais da igreja que lutaram pela fé antes do Concílio de Niceia (325 d.C.). Cipriano de Cartago (Thascius Caecilius Cyprianus, c. 210–258 d.C.) é um pico altaneiro. Embora não devamos ignorar suas falhas, no serviço de Cipriano para Cristo e sua igreja reconhecemos genialidade e juízo santificado pelo Espírito Santo, totalmente postos à disposição de Deus. Como aconteceu com Dietrich Bonhoeffer no século 20, Cipriano havia ponderado perfeitamente o custo do discipulado, e o custo não o fez recuar. No papel de bispo de Cartago, deu provas de seu vigor pelo modo como conduziu a igreja em meio a tempestades que a fustigavam de fora e de dentro. No processo, articulou a doutrina da igreja que, houvesse sido adotada pelo Ocidente, bem poderia ter prevenido a ruptura entre as facções orientais e ocidentais da igreja e evitado conflitos que explodiram durante a Reforma Protestante. Cipriano ensinava uma doutrina do perdão de Deus que navegava entre a graça fácil e o rápido acesso à mesa do Senhor, de um lado, e o arrogante julgamento e a exclusão do verdadeiro arrependimento, do outro.

Cipriano sobressai naquele molde de líderes que a igreja do Norte da África produziu. Ele nasceu por volta de 200 d.C. e converteu-se em 246 mediante o ministério de Cecílio. Em virtude do amor de Cipriano por Cecílio, ao ser batizado ele assumiu o nome do amigo, passando a ser conhecido como Cecílio Cipriano. Depois de sobreviver à grande perseguição do imperador Décio fugindo de Cartago (decisão que provocou considerável desaprovação), Cipriano retomou sua incumbência episcopal em 251. Em 257, irrompeu a oitava perseguição geral, iniciada pelo imperador Valeriano. As fogueiras da perseguição foram violentas no Norte da África; houve milhares de mártires. Cipriano foi preso em agosto e partiu para o exílio em Cúrubis (atual Korba, na Tunísia). Chamado de volta em 258, em setembro foi novamente preso e ordenado a oferecer sacrifício aos deuses. Ele se recusou; foi condenado à morte e decapitado no dia seguinte.

Nascido de abastados pais pagãos, Cipriano foi educado para ser professor de retórica. Ao tornar-se cristão, empregou as energias de sua mente perspicaz no estudo da fé, um estudo que rendeu ricos dividendos para o evangelho, naquele tempo e hoje. Pouco depois de sua conversão, Cipriano foi ordenado presbítero (sacerdote) e logo em seguida bispo de Cartago (248 d.C.). Ele se preocupava muito com os pobres e com os que sofriam por causa da fé. Praticava o que pregava. Logo depois da conversão, vendeu suas posses e distribuiu o dinheiro auferido entre os necessitados.

Cipriano foi fortemente influenciado por Tertuliano, como revelam seus escritos e sua teologia. Um dos muitos problemas que ele e outros bispos enfrentaram foi o de como lidar com os "lapsos" que queriam se arrepender e retornar à mesa do Senhor. Deveriam ser readmitidas entre os fiéis pessoas penitentes, que se haviam rendido à perseguição para obter certificados provando que haviam oferecido sacrifícios a divindades pagãs? Se sim, sob quais condições? Ao contrário de alguns confessores e Novaciano (c. 200–258 d.C.), que se opôs à restauração da comunhão e depois criou sua própria "igreja", Cipriano acreditava que a misericórdia do Senhor deveria ser estendida aos penitentes. Mas a restauração deveria ocorrer sob condições cuidadosamente prescritas e aprovadas por bispos ortodoxos.

Outro problema importante foi saber se o batismo ministrado por hereges deveria ser reconhecido como válido. "De maneira nenhuma!", disse Cipriano. Bispos hereges que romperam com a verdadeira igreja não podem legitimamente batizar ninguém; os sacramentos são inseparáveis da igreja. Pessoas batizadas por hereges nunca foram de fato batizadas; elas precisariam ser batizadas pela primeira vez por um bispo ortodoxo. Cipriano declarou: "Não pode mais ter Deus como Pai quem não tem a igreja como mãe" (*A unidade da igreja*, § 6). A igreja é a arca indispensável da salvação. Estêvão, bispo de

Roma, discordava e aceitava o batismo ministrado por bispos heréticos. Ele até ameaçou excomungar Cipriano! Este, por sua vez, também ensinava que a unidade da igreja está nas mãos dos bispos ortodoxos, que constituem um colégio de iguais e que regularmente trocam ideias entre si por meio de cartas ou em sínodos nos quais discordâncias doutrinárias possam ser resolvidas. O clero paroquial devia ser incluído no processo. Todas as decisões deviam ser orientadas pela tradição apostólica, que pertence unicamente à igreja, não aos hereges. Cipriano teria rejeitado com firmeza a posterior doutrina romana do supremo pontífice ou papado ao qual outros bispos devem se submeter; ele dizia que a unidade da igreja está nas mãos de vários bispos que são iguais.

Em alguns excertos de Cipriano nós o ouviremos dirigindo-se aos "confessores". Esse era um título de honra que designava os corajosos paladinos da fé que em tempos de perseguição demostraram lealdade a Cristo recusando-se a renunciar a ele. As corajosas confissões acarretavam punição imperial de vários tipos: encarceramento, tortura, exílio, confisco de propriedade e trabalho cruel nas minas romanas. O título distinguia os confessores dos mártires, que eram deliberadamente condenados à morte. O termo provém da palavra latina *confiteri* e foi empregado pelos cristãos para identificar seus colegas. Algumas das cartas de Cipriano foram escritas para confessores. Ele "revigorava suas emoções sofridas, curava seus membros feridos a pauladas e iluminava a escuridão de suas masmorras" (*Epístolas de Cipriano*, epístola 77, § 3).

Felizmente, temos a maioria dos ricos tratados e cartas de Cipriano; muitos desses textos foram escritos quando ele estava no exílio. As seleções a seguir nos encorajam a amar o Senhor e sua igreja tão intensamente como os amou Cipriano.

129

(Cipriano fala de sua conversão.)

Enquanto eu ainda jazia na escura e sombria noite, oscilando para cá e para lá, sacudido na espuma desta soberba época, sem certeza nenhuma de meus vacilantes passos, nada sabendo de minha vida real e afastado da verdade e da luz, eu costumava considerar uma questão difícil, especialmente por causa do meu caráter, que uma pessoa pudesse nascer de novo. Embora conservando toda a estrutura física, como poderia uma pessoa ser mudada no coração e na alma? "Como", perguntava eu, "essa conversão é possível, de modo que haja um repentino e rápido despojamento de tudo o que ou é inato em nós ou está empedernido na corrupção de nossa carne, ou foi adquirido mediante uma longa e persistente prática?" Esses eram meus pensamentos frequentes. Pois, estando preso e amarrado por meus inúmeros erros, eu costumava tolerar meus pecados como se eles de fato fizessem parte de mim. Mas depois disso, mediante a ajuda da água do novo nascimento, a mancha de anos anteriores foi removida, e uma luz do alto, serena e pura, foi introduzida em meu coração reconciliado. Pela intermediação do Espírito, que foi soprado em mim lá do céu, um segundo nascimento me restaurou para eu ser uma nova pessoa.

Cipriano, Epístola a Donato, § 3-4

Meu Deus, aceita meu coração neste dia,
Que ele seja sempre teu;
Que nunca mais eu me desgarre de meu guia,
Que eu siga o que ele me deu.

Matthew Bridges (1800–1894), Hinário

PARA REFLETIR: Jo 3.1-21; At 9.1-22; 26.1-19; 2Co 6.9-11

(Cipriano descreve a vida no Espírito depois de sua conversão.)

Então, de um modo maravilhoso, coisas duvidosas imediatamente começaram a me inspirar confiança, coisas ocultas a se revelar e coisas obscuras a ficar mais claras. O que antes parecia difícil começou a ceder, tornando-se um meio de conquista; o que eu havia suposto impossível começou a ser passível de realização, de modo que eu era capaz de reconhecer que o que antes (eu tendo nascido da carne) estava preso à prática do pecado (terreno) passava agora a ser de Deus e era animado pelo Espírito de santidade.

Cipriano, Epístola a Donato, § 4

Mora em mim, ó Santo Espírito,
Meu mestre, divino amigo!
No trabalho por teu reino,
Protege-me do perigo.

Dá-me tua santa presença,
E minha fé não se dará em vão;
Ajuda-me a ir em frente,
Com amor no coração.

Fanny Crosby (1820–1915), Hinário

PARA REFLETIR: Jo 14.16; 1Co 3.16; 6.19; 2Co 3.2-3,18; Gl 5.22-25; Ef 4.17-25; 2Pe 1.4; 1Jo 3.24; 4.15

Se você prosseguir no caminho da inocência, o caminho da retidão; se caminhar com passo firme e regular; se, submisso a Deus de todo o coração, você realmente for o que começou a ser, então a liberdade e o poder de agir lhes serão dados na proporção de sua graça espiritual. Pois não há, como é típico dos benefícios terrenos, nenhum limite na distribuição das dádivas celestiais. O Espírito Santo, fluindo livremente para nós, não é restrito por nenhum limite, não é controlado por nenhuma barreira terrena. O Espírito flui perpetuamente, em profusão e abundância. Deixemos, então, que nosso coração fique sedento e preparado para receber na medida de uma fé evidente, na medida com que desejamos atrair a superabundante graça de Deus.

CIPRIANO, EPÍSTOLA A DONATO, § 5

Vem, Espírito Santo, Pomba celestial,
Com teu conforto e luz do firmamento;
Sê tu nosso guardião e nosso guia,
Em cada passo dado e pensamento.

Dá-nos saber e seguir teu caminho,
E mostra-nos a luz da tua vontade;
Com temor santo em nosso coração,
Que assim de ti ele nunca se evade.

Conduz-nos à santidade que é o caminho
Dado a nós para estarmos com Deus;
Conduz-nos ao caminho vivo, o Cristo,
Em suas pastagens sempre estão os seus.

SIMON BROWNE (C. 1680–1732), HINÁRIO

PARA REFLETIR: Sl 15.1-5; 24.3-5; 71.8; 112.4-8; Is 32.16 18; Rm 8.4-6; 14.17-19; 15.1-7; 2Co 7.1; Gl 5.1,16-26

Você acha que está seguro quem confia em coroas de louro, na vasta riqueza, no esplendor de palácios reais e na proteção de vigilantes armados? O poder daqueles, cuja condição os torna terríveis aos olhos de outros, é em primeiro lugar terrível para eles mesmos. O poder lhes sorri a fim de enfurecê-los; lisonjeia-os para enganá-los; instiga-os para assassiná-los; eleva-os para derrubá-los. Suas posses se reduzem somente a isto: eles podem impedir que outros as possuam.

Eis a única segurança sólida, firme e constante: a pessoa rejeitar esses turbilhões de distrações. Um cristão que está ancorado no porto da salvação, que recebeu a dádiva de Deus e que mentalmente está muito perto de Deus é maior que o mundo. Essa pessoa nada almejará do que o mundo oferece. Como é estável, como está livre de qualquer choque esta segurança, como é celestial esta proteção em suas perenes bênçãos: estar livre de todas as ciladas deste emaranhado mundo e preparado para a luz da imortalidade eterna!

Cipriano, Epístola a Donato, § 12-14

Ó Senhor, salva teu povo e abençoa tua herança, que tu compraste com o precioso sangue do teu Cristo. Alimenta-o com tua mão direita, cobre-o sob tuas asas e concede que ele possa combater o bom combate, completar a carreira e guardar a fé de modo imutável, sem repreensão e sem censura, por meio de nosso Senhor Jesus Cristo, teu amado Filho, com quem sejam dadas glória, honra e adoração a ti e ao Espírito Santo. Amém.

Constituições dos santos apóstolos, livro 8, seção 4.41

PARA REFLETIR: Rm 8.1-8; **2Tm 4.7**; Hb 10.19-25; 1Pe 1.3-9; 1Jo 4.1-6

Quanto mais entendemos a ardilosa injúria que nosso inimigo desfere contra nós, tanto mais constrangidos estamos a ter mais amor por aquilo que devemos nos tornar como cristãos e a condenar o que éramos antes. Para nos tornarmos o que seremos como cristãos pelo amor, não é necessário pagar um preço de suborno ou mão de obra, como se exige para ser elevado em dignidade e honra neste mundo. Pelo contrário, tudo isso é presente de Deus, e é acessível a todos os cristãos.

Como o sol brilha espontaneamente, como o dia naturalmente fornece luz, como a fonte flui livremente, como a chuva produz umidade, assim também o Espírito Santo se doa a nós. Quando a alma, em seu olhar para o céu, reconhece seu Autor, ela se eleva acima do sol, transcende em muito todo poder temporal e começa a ser aquilo que ela mesma sabe que é.

Cipriano, Epístola a Donato, § 14

Deus Todo-poderoso, tu deste teu único Filho para ser para nós um sacrifício pelo pecado e também um exemplo de vida piedosa; concede-nos a graça de receber com gratidão os frutos de sua obra redentora e seguir dia a dia os abençoados passos de sua santíssima vida; por Jesus Cristo, teu Filho e nosso Senhor, que vive e reina contigo e com o Espírito Santo, um só Deus, agora e para sempre. Amém.

"Próprio 15", Coletas: contemporâneas, LOC

PARA REFLETIR: Rm 6.19-23; 8.14-28; Ef 1.6-14; 3.14-21; Fp 2.1-5; 3.7-16; Tt 3.3-7; 1Jo 3.21-24; Ap 21.5-7

Você, que na guerra celestial se alistou para servir no campo espiritual, deve observar uma disciplina incorrupta e moderada nas virtudes cristãs. Seja constante nas orações e na leitura das Escrituras. Fale com Deus, e deixe Deus falar com você. Deixe-o instruí-lo em seus preceitos; deixe-o dirigi-lo. Quem Deus enriqueceu ninguém pode empobrecer. De fato, não pode haver pobreza para aquele que foi alimentado com comida celestial. Tetos enriquecidos com ouro e casas adornadas com mosaicos de mármore valioso lhe parecerão pequenos agora que você é aquele que deve ser aperfeiçoado e adornado. Em você o Espírito Santo começou a construir sua morada. Embelezemos esse templo com as cores da inocência; iluminemo-lo com a luz da justiça. Ele nunca se deteriorará com o desgaste do tempo, nem será aviltado pelas cores esmaecidas das paredes. Tudo o que é embelezado artificialmente perece, mas o templo do Espírito Santo permanece belo para sempre. Ele não pode deteriorar-se nem ser destruído; só pode amoldar-se a uma perfeição maior na ressurreição do corpo.

Cipriano, Epístola a Donato, § 15

Senhor Deus Todo-poderoso, Pai do teu Cristo, teu Filho bendito, nós te agradecemos pela preservação da piedade, pela remissão de nossas ofensas e pelo nome do teu Cristo pelo qual a ti somos unidos. Junta--nos todos em teu reino por meio do mesmo Cristo, nosso Senhor, com quem sejam dadas glória, honra e adoração a ti, ó Pai, pelo Espírito Santo, para sempre. Amém.

Liturgia clementina (final do séc. 4), em Constituições dos Santos Apóstolos, livro 8, seção 2.15

PARA REFLETIR: Mt 5.14-16; Lc 6.46-49; 1Co 6.19-20; Ef 2.13-22; Hb 12.12-15; 13.20-25; 1Jo 4.7-19

(Conselhos pastorais e atemporais de Cipriano aos confessores.)

Na mesma proporção em que choramos por aqueles que a hostil perseguição abateu, assim nós nos rejubilamos por aqueles que o diabo não conseguiu vencer.

Todavia, pela nossa fé comum, pelo simples e verdadeiro amor do meu coração por vocês, eu os exorto para que, tendo vencido o adversário no primeiro embate, vocês se agarrem firmes à sua vitória com uma virtude corajosa e perseverante. Ainda estamos no mundo; ainda estamos no campo de batalha; lutamos diariamente pela nossa vida. Aquilo que vocês conquistaram com um início tão abençoado deve agora crescer ainda mais. O que foi iniciado deve ser concluído. Assim como a fé e o novo nascimento, que foram recebidos, nos tornam vivos em Cristo, eles devem ser preservados. Não é o começo, mas sim o aperfeiçoamento, que guarda a pessoa para Deus. O Senhor ensinou isso quando em sua instrução nos disse: "Agora você está curado; deixe de pecar, para que nada pior lhe aconteça". Pensem nele como se estivesse dizendo: "Agora vocês se tornaram confessores; deixem de pecar, para que nada pior lhes aconteça".

Cipriano, *Epístola ao presbítero Rogaciano e aos demais confessores* (250 d.C.), § 1-2

Jesus nos pede que não adoremos
O mundo e seus dourados arsenais,
Que dele sempre mais nos desviam;
Jesus pede, Cristão, que o ames mais.
Cecil F. Alexander (1818–1895), Hinário

PARA REFLETIR: Jo 5.14; Gl 1.6-11; 4.8-20; 5.1,7-26; Hb 2.1-4; 3;7—4.11; 6.18; 11.1—12.13; Jd 1.17 25

Embora pareça haver joio na igreja, nem nossa fé nem nosso amor devem ser prejudicados. A presença do joio na igreja não deveria nos induzir a deixá-la. Pelo contrário, trabalhemos para ser trigo, de modo que, tendo sido recolhido o trigo nos celeiros do Senhor, nós recebamos o fruto de nosso trabalho. O apóstolo Paulo nos diz: "Numa grande casa, alguns vasos são de ouro e de prata, e outros, de madeira e de barro; alguns para fins honrosos, outros para fins desonrosos". Esforcemo-nos, queridos irmãos, e trabalhemos o máximo que pudermos para ser vasos de ouro e prata. O servo não pode reivindicar para si o que o Pai deu exclusivamente ao Filho; apenas o Filho pode pegar a pá e limpar a eira. Por meio do juízo humano o servo não sabe separar o joio do trigo. Tentar fazer isso mostra uma orgulhosa obstinação e uma presunção sacrílega. Devemos sempre ser moderados e deixar a cargo do Senhor o controle da balança. Procuremos sempre ter consciência do amor e da misericórdia de Deus, o Pai.

Cipriano, *Aos confessores, felicitando-os pelo retorno do cisma*, § 3

Ó Senhor Jesus Cristo, Filho do Deus vivo, Cordeiro e Pastor, que tiras o pecado do mundo, que gratuitamente perdoaste a dívida de dois devedores e deste remissão dos pecados a uma mulher pecadora, que concedeste cura ao paralítico, com a remissão de seus pecados, perdoa, releva, absolve, ó Deus, nossas ofensas. Pois tu és nosso Deus, um Deus capaz de compadecer-se, de salvar e de perdoar pecados. Toda glória é devida a ti, com o eterno Pai e o vivificante Espírito, agora e sempre e para toda a eternidade. Amém.

A divina liturgia do santo apóstolo Tiago (c. 150-200 d.C.)

PARA REFLETIR: Rm 14.4; 1Co 10.12; **2Tm 2.20;** 1Jo 1.1-2

Que nenhum cristão indague por que somos constantemente testados com calamidades cada vez maiores. O Senhor nos disse que essas coisas aconteceriam no final dos tempos. Ele nos preparou para o combate ensinando-nos e exortando-nos com suas palavras. O apóstolo Pedro ensinou que as perseguições ocorrem para que sejamos provados. Ele também disse que, seguindo o exemplo dos justos que passaram antes de nós, seríamos associados ao amor de Deus pela morte e pelos sofrimentos: "Amados, não se surpreendam com as provações de fogo ardente pelas quais estão passando, como se algo estranho lhes estivesse acontecendo. Pelo contrário, alegrem-se muito, pois essas provações os tornam participantes dos sofrimentos de Cristo, a fim de que tenham a maravilhosa alegria de ver sua glória quando ela for revelada. Se vocês forem insultados por causa do nome de Cristo, abençoados serão, pois o glorioso Espírito de Deus repousa sobre vocês".

Cipriano, *Epístola ao povo de Sibaris, exortando-os ao martírio*, § 2

Nós te imploramos, ó Senhor, nosso Deus: prepara-nos para receber tua bondade amorosa e perfeita; torna reto nosso caminho; enraíza-nos no temor a ti e faz-nos dignos do teu reino celestial, em Cristo Jesus, nosso Senhor, com quem tu és bendito, juntamente com teu sumamente santo, bom e vivificante Espírito, agora e para sempre. Amém.

A divina liturgia do santo apóstolo Tiago (c. 150-200 d.C.)

PARA REFLETIR: Lc 6.22-23; 18.29-30; Jo 16.32-33; At 14.19-22; 2Co 4.1—5.11; **1Pe 4.12-14**

Nós não nos entregamos ao combate espiritual para passar o tempo pensando na paz e depois bater em retirada, recusando-nos a atacar o inimigo. Esse é o combate em que o Senhor primeiro se envolveu; ele, o Mestre da humildade, paciência e sofrimento. O que ele nos ensinou a fazer, ele fez primeiro. E, o que ele nos exorta a suportar, ele primeiro suportou por nós. Que fique claro, amados irmãos, que aquele que exclusivamente recebeu todo o julgamento do Pai, e que também virá para julgar, já declarou os critérios de seu julgamento e futuro reconhecimento: ele confessará diante de seu Pai aqueles que o confessam diante das pessoas; mas ele não reconhecerá aqueles que o negam.

Cipriano, Epístola ao povo de Sibaris, exortando-os ao martírio, § 3

Nós damos graças a ti, ó Salvador e Deus de tudo, por todas as coisas boas que tu nos deste e por nossa participação em teu evangelho. E nós nos oferecemos a ti como aroma agradável de Cristo para Deus, o Pai, pedindo: mantém-nos à sombra de tuas asas e considera-nos, até nosso último suspiro, dignos de participar de teu santo evangelho para a santificação de nosso corpo e alma, e para a herança do reino dos céus. Pois tu, ó Deus, és nossa santificação, e para o alto nós enviamos louvor e gratidão a ti, Pai, Filho e Espírito Santo. Bendito és tu, agora e para sempre. Amém.

A divina liturgia do santo apóstolo Tiago (c. 150-200 d.C.)

PARA REFLETIR: Jr 9.1-3; At 5.31; 2Co 1.1-5; 2.11; Ef 1.12; 6.10-18; 1Ts 5.1-11; 1Tm 1.18-19; 6.12; 1Pe 4.6-11; 1Jo 5.1-5

As pessoas treinam para competições seculares, e consideram grande glória e honra quando são coroadas na presença do povo e do imperador. Vejam, nós estamos envolvidos numa competição mais nobre e maior; ela é gloriosa com o prêmio de uma coroa celestial. Deus nos observa nessa luta, alegra-se com nossa competição, observa-nos em nossa disputa enquanto combatemos o bom combate da fé. Tendo combatido na presença de Deus, como é grande a glória e a felicidade de sermos por ele coroados tendo Cristo como juiz! Armemo-nos, amados irmãos, com todas as forças e preparemo-nos para a luta com mente incorrupta, fé sólida e coragem devotada. Que os soldados de Deus partam para o campo de combate que nos é designado.

Cipriano, Epístola ao povo de Sibaris, exortando-os ao martírio, § 8

Ó Deus, que por meio do teu grande e indizível amor te dignaste tratar com condescendência a fraqueza destes teus servos e no evangelho nos deste vida eterna, preserva-nos na santificação do teu Espírito Santo, para que, santificados, participemos da herança com todos os teus santos que muito te agradaram desde que o mundo começou, à luz do teu semblante, pela misericórdia do teu Filho unigênito, nosso Senhor e Deus e Salvador Jesus Cristo, com quem tu és bendito, juntamente com teu sumamente santo, bom e vivificante Espírito; pois bendito e glorificado é teu preciosíssimo e glorioso nome, Pai, Filho e Espírito Santo, agora e por toda a eternidade. Amém.

A divina liturgia do santo apóstolo Tiago (c. 150-200 d.C.)

PARA REFLETIR: Jr 9.1-3; At 5.31; 2Co 1.5; 2.11; Ef 1.12; 6.10-18; 1Ts 5.1-11; 1Tm 1.18-19; 6.12; 1Pe 4.6-11; 1Jo 5.1-5

Como é grave o caso de uma pessoa cristã se ela, serva de Cristo, não estiver disposta a sofrer, sabendo que seu Mestre sofreu por nós! O Filho de Deus sofreu para nos fazer filhos de Deus, e não iremos nós sofrer para podermos continuar a ser filhos de Deus? Se suportamos o ódio do mundo, Cristo primeiro suportou o ódio do mundo. Se sofremos censuras do mundo, exílio, torturas, o Criador e Senhor do mundo experimentou coisas ainda mais cruéis. Ele nos adverte: "Se o mundo os odeia, lembrem-se de que primeiro odiou a mim". "O escravo não é maior que o seu senhor. Uma vez que eles me perseguiram, também os perseguirão." Tudo o que nosso Senhor e Deus nos ensinou a fazer, ele mesmo fez primeiro. Seus discípulos não terão desculpas se aprenderem mas não o seguirem.

Cipriano, *Epístola ao povo de Sibaris, exortando-os ao martírio*, § 8

Senhor Jesus, pensa em mim
E livra-me do pecado;
Às vãs paixões põe um fim
E deixa-me purificado.

Senhor Jesus, pensa em mim,
Tão preocupado e oprimido;
Que teu servo tenha enfim
O descanso prometido.

Sinésio de Cirene, bispo de Ptolemaida (c. 370–414 d.C.),
da trad. de Allen W. Chatfield (1876)

PARA REFLETIR: Jo 15.18-25; Rm 8.16-28; 2Co 1.3-10; 4.5-14; Fl 1.27—2.4; 3.8-14; 2Tm 2.8-13; 1Pe 4.12-19

(No outono de 250 d.C., Cipriano escreveu aos confessores que trabalhavam nas minas romanas e iniciavam o segundo ano de detenção.)

Vejam, a dignidade celeste de vocês está selada pelo brilho de um ano de honra. O sol nascente e a lua minguante iluminaram o mundo lá fora; mas, para vocês, o Deus que criou o sol e a lua tem sido a luz mais brilhante em sua masmorra. E o esplendor de Cristo ardendo no coração e na mente de vocês irradiou com luz eterna e resplandecente as trevas de sua punição. O inverno passou pelas vicissitudes dos meses. Mas vocês, encarcerados, em vez de sofrer o inclemente clima do inverno, estavam experimentando o inverno da perseguição. A primavera sucedeu ao inverno, rejubilando-se com rosas e coroada de flores. Mas vocês, na prisão, receberam as rosas e as flores que brotam das delícias do paraíso, e grinaldas celestiais lhes cingiram a fronte.

CIPRIANO, *EPÍSTOLA A MOISÉS E MÁXIMO E AOS DEMAIS CONFESSORES*, § 2

Ó Pai celestial, que encheste o mundo de beleza, abre nossos olhos para contemplarmos tua bondosa mão em todas as tuas obras, a fim de que, rejubilando em toda a tua criação, aprendamos a te servir com alegria; pelo amor daquele por meio do qual todas as coisas foram feitas, teu Filho Jesus Cristo e nosso Senhor. Amém.

"PELO JÚBILO NA CRIAÇÃO DE DEUS", ORAÇÕES E AÇÕES DE GRAÇA, LOC

PARA REFLETIR: Lc 6.20-23; 21.7-19; Jo 15.18 27; 2Co 4.8-12; 1Jo 3.1-3

Vocês são grãos de trigo, trigo selecionado e precioso, agora purificado e armazenado. Considerem a prisão de vocês como um celeiro. Não falta a graça espiritual necessária para exercer os deveres da época da safra. Lá fora, as uvas que depois vão encher taças estão agora sendo pisadas nas prensas. Vocês, belos cachos da vinha do Senhor, e ramos carregados de frutos já maduros, pisados pela tribulação, agora enchem a prensa com seu sangue em vez de vinho. Corajosos para suportar o sofrimento, vocês de boa vontade bebem a taça do martírio. De fato, vocês, testemunhas do evangelho, estão entranhados nas raízes dele. Estão estabelecidos na Rocha, que é a sólida fundação de vocês. Uniram a disciplina e a virtude; levaram outros a temer a Deus; seus martírios vocês transformaram em exemplos.

CIPRIANO, *EPÍSTOLA A MOISÉS E MÁXIMO E AOS DEMAIS CONFESSORES*, § 2, 4

Ó Deus, tu nos criaste à tua imagem e nos redimiste pelo sangue de Jesus, teu Filho. Olha com compaixão para toda a família humana; afasta a arrogância e o ódio que infectam nosso coração; derruba os muros que nos separam; junta-nos com vínculos de amor; acerta nossas contas de luta e confusão, para realizarmos teus propósitos na terra, a fim de que, em tua hora propícia, todas as nações e raças te sirvam em harmonia ao redor do teu trono; por Jesus Cristo nosso Senhor. Amém.

"PELA FAMÍLIA HUMANA", ORAÇÕES E AÇÕES DE GRAÇA, LOC

PARA REFLETIR: Sl 23.1-6; 34.1-8; 37.1-11; 40.1-5; 43.1-5; Is 53.1-9; Hb 12.1-3; 13.12-16; Ap 21.1-7

A igreja é uma só. Ela está espalhada em toda parte formando uma multidão graças ao aumento de sua fecundidade. O sol tem muitos raios, mas a luz é uma só; uma árvore tem muitos ramos, mas sua força está em seu tenaz conjunto de raízes; e muitos riachos se formam, mas a fonte é uma só; assim a unidade é preservada no nascedouro. Corte-se o riacho de sua fonte, e o que foi cortado seca. De igual modo a igreja, iluminada pela luz do Senhor, esparrama seus raios sobre o mundo inteiro; no entanto, uma única luz se difunde em toda parte. Sua fecunda abundância espalha seus ramos sobre o mundo inteiro. Ela amplamente expande seus rios, que fluem generosos; no entanto, sua cabeça é uma só, sua fonte é uma só; e ela é uma única mãe, abundante nos resultados de sua fecundidade: de seu ventre nós nascemos, com seu leite somos nutridos, por seu espírito somos animados.

Cipriano, A unidade da igreja, § 5

Deus eterno, em teu reino perfeito nenhuma espada é desembainhada exceto a espada da justiça; nenhuma força é conhecida exceto a força do amor. Assim, espalha poderosamente e em toda parte o teu Espírito, para que todos os povos se reúnam sob a bandeira do Príncipe da Paz, como filhos de um único Pai, a quem sejam o domínio e a glória, agora e para sempre. Amém.

"Pela paz", Orações e ações de graça, LOC

PARA REFLETIR: Is 60,21; At 20.28; 1Co 3.5-12; Ef 1.22-23; Hb 12.22-23; 1Pe 5.3; Ap 21.11

A igreja, a esposa de Cristo, nos guarda para Deus. Quem está separado da igreja e unido a uma adúltera está separado das promessas da igreja; tampouco pode aquele que abandona a igreja de Cristo conseguir as recompensas de Cristo. Ele é um estranho, um profano, um inimigo. Já não pode ter Deus como Pai quem não tem a igreja como mãe. Se alguém que estava fora da arca de Noé pôde se salvar, então também pode se salvar quem estiver fora da igreja. Quem perturba a paz e a concórdia de Cristo age em oposição a Cristo; quem reúne em outro lugar que não a igreja dispersa a igreja de Cristo. Está escrito sobre o Pai, o Filho e o Espírito Santo: "E estes três são um". Alguém acredita que a unidade da igreja pode ser cindida e estilhaçada por vontades que a ela se opõem? Quem não defende essa unidade não defende a lei de Deus, não defende a fé do Pai e do Filho, e não defende a vida e a salvação.

Cipriano, A unidade da igreja, § 6

Ó Deus, tu que fizeste esta santíssima noite para brilhar com a glória da ressurreição do Senhor, aviva em tua igreja aquele Espírito de adoção que nos é dado no batismo, para que nós, sendo renovados tanto no corpo como na mente, adoremos a ti com sinceridade e em verdade; por meio de Jesus Cristo, nosso Senhor, que vive e reina contigo, na unidade do Espírito Santo, um só Deus, agora e para sempre. Amém.

"Dia da Páscoa", Coletas: contemporâneas, LOC

PARA REFLETIR: Jo 10.1-18; Rm 12.3-10; 2Co 6.6; Ef 1.17-23; 2.9; 4.1-16; 5.13-24; 1Tm 3.14-16; Hb 12.22-24; **1Jo 5.7**

Deveríamos deixar tudo de lado, exceto a armadura completa de Deus, para que, chegado o dia de sairmos ao encontro de Cristo, ele não nos apanhe sobrecarregados e embaraçados. Que nossa luz brilhe em boas obras e resplandeça tão intensamente que possa nos conduzir da noite deste mundo para o dia da luz eterna. Aguardemos, sempre preocupados com o bem--estar de outros, e com cautela, a súbita vinda do Senhor, para que, batendo ele à porta, nossa fé esteja alerta e recebamos do Senhor a recompensa por nossa vigilância. Se tais mandamentos forem observados, se tais advertências e preceitos forem guardados, não seremos surpreendidos no sono pela astúcia do diabo; pelo contrário, reinaremos com Cristo em seu reino como servos que estão sempre alerta.

CIPRIANO, *A UNIDADE DA IGREJA*, § 27

Deus Todo-poderoso e eterno, tu estás sempre mais disposto a ouvir do que nós a orar, e a dar mais do que nós desejamos ou merecemos; derrama sobre nós a abundância de tua misericórdia, perdoando-nos aquelas falhas que nossa consciência teme, e concedendo-nos aquelas coisas boas que nem somos dignos de pedir, a não ser pelos méritos e a mediação de Jesus Cristo, nosso Salvador, que vive e reina contigo e com o Espírito Santo, um só Deus, para todo o sempre. Amém.

"PRÓPRIO 22", COLETAS: CONTEMPORÂNEAS, LOC

PARA REFLETIR: Mt 25.1-46; 26.36-46; Mc 13.28-37; Ef 6.13-18; Fp 4.4-9; 1Ts 5.4-11

Nós oramos: "Santificado seja o teu nome". Isso não significa que queremos santificar Deus com nossas orações. Pelo contrário, nós oramos para que o nome dele seja santificado em nós. Por quem Deus deve ser santificado? Ele é quem santifica. Bem, uma vez que Deus nos ordena: "Sejam santos como eu sou santo", pedimos que nós, que fomos santificados no batismo, continuemos a ser o que começamos a ser. Por isso oramos diariamente, porque precisamos diariamente da santificação, a fim de que nós, que diariamente precisamos de perdão, sejamos purificados pela contínua santificação. Somos santificados no nome de nosso Senhor Jesus Cristo e pelo Espírito de nosso Deus. Oramos para que a santificação permaneça em nós. Fazemos essa súplica em oração constante, para que a santificação e a revitalização que recebemos pela graça de Deus sejam preservadas por sua proteção.

Cipriano, A Oração do Senhor, § 12

Mais perto de Deus andar quem dera,
Num plano calmo e ordeiro,
Caminho de luz de meus pés à espera
Para levar-me ao Cordeiro.

O ídolo mais caro que já conheci,
Seja lá o que ele for,
Ajuda-me a tirá-lo de seu trono;
Só tu serás meu Senhor.

William Cowper (1731–1800), Hinário

PARA REFLETIR: Lv 20.7; Mt 6.9-13; Lc 11.2-4; Gl 3.19-21; 5.16-21; Ef 4.14-16; Cl 3.1-17; 1Ts 4.1-8; 2Ts 2.13-17

Diz em seguida a oração: "Venha o teu reino". Nossa oração pede que o reino de Deus seja estabelecido em nós, assim como pedimos que o nome de Deus seja em nós santificado. Mas quando Deus começa a reinar? Não reinou ele sempre e não reinará para sempre? Nossa oração é para que o reino prometido por Deus e adquirido pelo sangue e a paixão de Cristo possa vir em sua plenitude. O próprio Cristo, caríssimos irmãos, é o reino de Deus que nós cada dia desejamos que venha, cujo advento almejamos que se manifeste em breve. Ele é a Ressurreição, e nele nós ressuscitamos de novo.

Cipriano, A Oração do Senhor, § 13

Deus Todo-poderoso e eterno, em Cristo tu revelaste tua glória entre as nações; preserva as obras de tua misericórdia, para que tua igreja em todo o mundo persevere com fé inabalável na confissão do teu nome; por Jesus Cristo, nosso Senhor, que vive e reina contigo e com o Espírito Santo, um só Deus, para todo o sempre. Amém.

"Próprio 24", Coletas: contemporâneas, LOC

PARA REFLETIR: Mt 4.23; **6.9-15**; 9.35; Mc 1.1-15; **Lc** 4.1-30; **11.2-4**; 1Co 15.12-58

Jesus pediu ao Pai, dizendo: "Não te peço apenas por estes, mas também por todos que crerão em mim por meio da mensagem deles". A bondade amorosa do Senhor, nada menos que sua misericórdia, é grande no que diz respeito à nossa salvação; não satisfeito por nos remir com seu sangue, ele também orou por nós. O que ele pediu em sua oração? Assim como o Pai e o Filho são um só, também os cristãos deveriam viver em absoluta unidade. Disso podemos depreender como peca gravemente quem rompe a unidade e a paz. O Senhor desejou que seu povo fosse salvo e vivesse em paz; ele sabia que a discórdia não pode entrar no reino dos céus.

Cipriano, A Oração do Senhor, § 30

Ó meu bondoso Deus da graça,
Mostra-me o brilho de tua face;
Sobre nós brilha, ó Salvador,
Encha tua igreja com a luz do amor;
Com salvação divina encerra
Até os remotos fins da terra.

Que em teu louvor o povo cante
E a terra dê fruto abundante;
Tuas bênçãos, Deus, queremos ter
E a ti devotos bem viver;
Em cima e embaixo, o que nos guia
É a luz, o amor e tua alegria.

Henry Francis Lyte (1793–1847), Hinário

PARA REFLETIR: Jo 17.1-26; Rm 15.5-7; 1Co 12.3-31

Muitos e grandiosos, amados irmãos, são os divinos benefícios pelos quais a abundante misericórdia de Deus, o Pai, e de Cristo trabalhou e sempre trabalha. O Pai enviou o Filho para nos preservar e nos dar vida de modo que ele pudesse nos restaurar. O Filho se predispôs a ser enviado e tornar-se o Filho do Homem, para fazer de nós filhos de Deus; ele se humilhou, para levantar os que antes estavam prostrados; foi ferido, para curar nossas feridas; serviu, para trazer liberdade aos que antes eram escravos; submeteu-se à morte, para conceder imortalidade aos mortais.

Cipriano, As boas obras e as esmolas, § 1

Cristo, base da minha esperança,
Cristo, fonte da minha alegria,
Dá a mim a tua presença
E por ti usa meus dons todo dia.

Teu amor faça arder a minh'alma,
Teu temor eu não perca de vista,
Teu louvor já será a maior palma,
Teu sorriso, imensa conquista.

Coletânea de hinos para uso das pessoas denominadas metodistas (1889), hino 672

PARA REFLETIR: Sl 18.46-50; 108.1-6; Jo 1.6-13; 14.12-21; Hb 4.14-16; 1Pe 1.3-16; 1Jo 1.7-9

◇◇◇◇◇◇ **150** ◇◇◇◇◇◇

Qual será, caríssimos irmãos, a glória dos que trabalham praticando a caridade? Como é grande e sublime a nossa alegria quando o Senhor começa a enumerar seus seguidores e a oferecer bens celestes por bens terrenos, bens eternos por bens temporais, coisas grandes por coisas pequenas! Como é grande e sublime a nossa alegria quando Cristo nos apresenta ao Pai, para quem ele nos restaurou mediante a santificação! O Pai nos concederá a imortalidade e a eternidade, para as quais ele nos renovou com o avivamento de seu sangue! Ele nos conduzirá de novo ao paraíso e nos abrirá o reino dos céus em cumprimento de suas promessas! Que essas coisas permaneçam firmes em nossa mente; que sejam entendidas com fé plena; que sejam amadas de todo o coração. Nobre e divino, caríssimos irmãos, é o trabalho salvador da caridade, o verdadeiro e o maior dos dons de Deus, indispensável para os frágeis e glorioso para os robustos.

Cipriano, As boas obras e as esmolas, § 26

Oremos pelos que frutificam na santa igreja e dão esmolas aos necessitados. E oremos também pelos que oferecem sacrifícios e oblações ao Senhor, nosso Deus, a fim de que ele, a Fonte de toda bondade, os recompense com seus dons celestes e lhes dê neste mundo cem vezes mais e no outro a vida eterna, e que ele lhes conceda, por seus bens temporais, bens que são eternos. Oremos por nossos irmãos recém-iluminados, para que o Senhor os fortaleça e os confirme. Oremos por nossos irmãos atormentados por enfermidades, para que o Senhor os salve e os devolva sadios ao seio de sua santa igreja. Amém.

Liturgia clementina (final do séc. 4), em Constituições dos santos apóstolos, livro 8, seção 2.10

PARA REFLETIR: Sl 1—2; 112.5-10; Is 58.6-7; **Mt** 5.42; 6.1-4; **19.29;** Lc 16.19-31; Rm 12.8-13; 1Tm 6.17-19; Tg 2.14-16; 5.1-9

A paciência é uma característica da natureza de Deus. Os cristãos que são gentis, pacientes e humildes imitam a Deus, o Pai. Jesus Cristo, nosso Deus e Senhor, ensinou isso em suas palavras e obras. Entre as muitas virtudes pelas quais demonstrou sua divina majestade, na paciência ele revelou o Pai. Desceu da sublimidade celestial para a realidade terrena e não desdenhou assumir a carne humana. Embora fosse sem pecado, carregou os pecados de outros. Deixando de lado sua imortalidade, permitiu-se tornar-se mortal para que o inocente fosse morto para salvar os culpados. Aceitou ser batizado por seu servo. Durante quarenta dias passou fome para que todos os que têm fome da palavra de Deus e da graça pudessem banquetear-se com Cristo, o Pão celestial. Dominou seus discípulos não como servos sob a disciplina de um patrão, mas cordialmente e com gentileza os amou com amor fraterno. Dignou-se até a lavar os pés deles a fim de que, com esse exemplo, pudesse ensinar o que um companheiro deveria ser entre seus pares e iguais.

Cipriano, O bem da paciência, § 5-6

Salve, ó tu que já foste o zombado Messias,
Salve, ó Rei dos galileus!
Salve, ó tu que sofreste e morreste na cruz,
Para a salvação dos teus!
Salve, ó agonizante Salvador,
Que assumiste meu pecado!
Por teus méritos temos teu favor;
Vida teu nome tem dado.

Coletânea de hinos para uso das pessoas denominadas
metodistas (1889), hino 722

PARA REFLETIR: Is 29.14; Mt 26.55—27.50; Lc 4.1-13; Fp 2.5-10; Cl 2.8,10; Hb 2.9-12

Aquele em nome de quem o diabo e seus anjos são agora castigados outrora ele mesmo sofreu castigos. Aquele que foi coroado com espinhos agora coroa mártires com flores eternas. Aquele que foi despido de suas vestes terrenas agora veste outros com a vestimenta da imortalidade. Aquele a quem ofereceram fel agora oferece alimento celestial. Aquele a quem ofereceram vinagre para beber agora mostra a taça da salvação. Aquele que há de julgar foi julgado; a Palavra de Deus foi conduzida em silêncio para o abate. E depois de todas essas coisas ele ainda perdoa seus assassinos, se eles se convertem e o procuram. Com paciência salvadora, aquele que em sua graça se predispõe a preservar não fecha sua igreja para ninguém.

CIPRIANO, *O BEM DA PACIÊNCIA*, § 7-8

Ó Deus, Pai de todos, cujo Filho nos mandou amar nossos inimigos, conduz a eles e a nós do preconceito para a verdade; livra a eles e a nós do ódio, da crueldade e da vingança; e, em tua hora propícia, possibilita-nos a todos comparecer reconciliados à tua presença; por Jesus Cristo, nosso Senhor. Amém.

"PELOS NOSSOS INIMIGOS", ORAÇÕES E AÇÕES DE GRAÇA, LOC

PARA REFLETIR: Is 53.4-9; Mt 27.26-56; Jo 19.1-40; At 2.22-24; Hb 2.6-18

Que direi eu da raiva, da discórdia, da disputa que não deveriam existir no cristão? Que haja paciência no coração, e essas coisas já não terão lugar nele. Se elas tentarem entrar, serão rapidamente excluídas e irão embora de modo que uma pacífica residência caracterizará o coração onde o Deus da paz se agrada de morar. Se o cristão abandonou a violência e a disputa carnal como quem foge de um furacão e se sente calmo e humilde no refúgio de Cristo, esse cristão não deve deixar entrar em seu coração nem a raiva, nem a discórdia.

Cipriano, O bem da paciência, § 16

Não te afastes de mim, minha Força,
A quem sempre vou obedecer;
Toma de mim o que assim te agradar,
Mas longe não quero te ver;
Que a tempestade siga tua voz
E faça comigo o que deve fazer.

Felizes os que contigo aprendem,
Com paciente dor, a ensinar
O segredo da força resistente
E o que nem sabemos louvar:
A paz que pressão nenhuma,
Fora ou dentro, pode alcançar.

Anna Letitia Waring (1823–1910),
Hinário

PARA REFLETIR: Rm 14.1—15.7; 1Co 12.1-31; 2Co 6.4; 10.1-5; Hb 10.36; 12.1

A paciência nos aprova e nos guarda para Deus. Ela suaviza a raiva, refreia a língua, controla a mente, defende a paz, administra a disciplina, modera o poder da luxúria, reprime a violência do orgulho, extingue o fogo da animosidade, detém o poder dos ricos, alivia a carência dos pobres, protege a integridade das virgens e a pureza das viúvas, e garante afeição única aos casados. A paciência torna as pessoas humildes na prosperidade, corajosas na adversidade e compreensivas com os erros. Ela nos ensina a perdoar quem errou conosco e a suplicar longa e sinceramente quando nós erramos. A paciência resiste às tentações, suporta perseguições e aperfeiçoa aflições e martírios. É a paciência que nos fortalece a fé e nos eleva a esperança. Ela dirige o que fazemos, para que permaneçamos firmes no caminho de Cristo. A paciência nos preservará como filhos de Deus, desde que imitemos a paciência do Pai.

Cipriano, O bem da paciência, § 20

Deixa-me, ó Mestre, contigo seguir
Por sendas simples, ninguém a servir;
Qual o segredo? Ajuda-me a aguentar
A dor da luta, a tensão do cuidar.

Dá-me a paciência, eu sempre contigo,
Na companhia do meu melhor amigo,
Na obra que a fé faz doce e forte,
No confiar que triunfa sobre toda sorte.

Washington Gladden (1836–1918), Hinário

PARA REFLETIR: Cl 1.11; 1Ts 1.3; 5.21; 2Ts 1.4; 1Tm 6.11; Hb 10.23; Ap 2.25; 3.3

Como é grande o Senhor Jesus, e como é grande sua paciência: aquele que é adorado nos céus ainda não é adorado na terra! Consideremos, amados irmãos, sua paciência em nossas perseguições e sofrimentos; ofereçamos uma obediência repleta da expectativa de sua vinda; e, servos que somos, não procuremos nossa defesa mediante uma impulsividade iníqua e insolente. Pelo contrário, continuemos a lutar e trabalhar. Vigiando de todo o coração e firmes na resistência, observemos os preceitos do Senhor para que no dia do juízo não sejamos punidos com os ímpios e os pecadores, mas estejamos entre os justos, com aqueles que temem a Deus.

Cipriano, O bem da paciência, § 24

Ó sagrada Cabeça, agora machucada,
A que a dor e a vergonha impõem seu preço,
Agora em zombaria coroada
Com espinhos, teu único adereço;
Ó sagrada Cabeça, a tua glória foi grande:
Quanta felicidade já tiveste!
Ao ver-te assim desprezada, curva e exangue,
Exulto por saber que a mim te deste.

Atribuído a Bernardo de Claraval (1090–1153),
da trad. de Paul Gerhardt (1656) e James W. Alexander
(1830), Hinário

PARA REFLETIR: Is 53.1-12; 1Ts 5.1-28; 1Tm 6.13-21; 2Tm 4.1-8; Hb 13.13-21

A IGREJA DO ORIENTE DEPOIS DE ORÍGENES E ANTES DE NICEIA

Depois de Orígenes, a igreja da parte oriental do Império Romano caracterizou-se de muitas maneiras por sua teologia. Até os opositores de Orígenes, como Metódio de Olimpo, foram influenciados por ele. Justo Gonzáles observa que, mesmo depois da condenação de algumas ideias de Orígenes, suas obras continuaram a ser lidas e alguns aspectos de sua teologia foram muito difundidos. Em suma, como observa Gonzáles, "as principais escolas teológicas eram, na verdade, facções variadas do Mestre".[*]

Entre as figuras notáveis de Alexandria que deram continuidade ao legado de Orígenes estavam o bispo Héraclas (no cargo de 232 a 248 d.C.); Dionísio, o Grande, que incluímos na Escola de Alexandria; o teólogo Teognosto (c. 210–70 d.C.); e Piério de Alexandria († c. 309 d.C. em Roma). Entre os origenistas de Cesareia está Pânfilo, bispo de Cesareia (martirizado em 309 d.C.), que ampliou a biblioteca que Orígenes havia fundado na cidade. Outro origenista foi o historiador da igreja Eusébio de Cesareia (c. 263–339 d.C.), que se tornou bispo de Cesareia (c. 313 d.C.). Ele se autodenominava Eusebius Panphili, filho de Pânfilo, devido à sua devoção ao bispo Pânfilo, que o havia ordenado presbítero. Eusébio conseguiu escrever sua *História eclesiástica* em grande parte graças aos recursos que a biblioteca ampliada de Orígenes lhe ofereceu. Outro discípulo de Orígenes foi Gregório de Neocesareia, a

[*] Justo Gonzáles, *A History of Christian Thought*, vol. 1, p. 253.

quem encontraremos brevemente. Como mencionamos antes, um dos pais da igreja do Oriente que não foi discípulo de Orígenes foi Metódio, cujas obras também examinaremos a seguir.

Durante o terceiro século antes do Concílio de Niceia, surgiram no Oriente duas heresias associadas à doutrina da Trindade. A primeira emergiu da ideologia de Paulo de Samósata, que se tornou bispo de Antioquia por volta de 260 d.C. Seu grande interesse na preservação da unidade monoteísta de Deus — talvez motivado por suas responsabilidades políticas — deu-se à custa da manutenção de uma correta distinção entre o Pai, o Filho e o Espírito Santo. Sua distinção extrema entre o Pai e o Filho implicava que só o Pai era Deus. O Logos (Palavra) é uma virtude ou característica do Pai, não uma segunda pessoa, como a doutrina trinitária ortodoxa afirma de maneira taxativa. Uma vez que não havia nenhuma segunda pessoa da Trindade, não poderia haver nenhuma encarnação real em Jesus de Nazaré. O que Paulo de Samósata ensinava sobre o Espírito Santo não está claro, mas é evidente que ele não considerava que o Espírito Santo fosse uma terceira pessoa da Trindade. Embora fosse difícil sistematizar suas ideias, os ensinamentos de Paulo de Samósata foram examinados e condenados, e ele acabou deposto depois de três sínodos realizados em Antioquia (265–269 d.C.).

A segunda heresia foi o arianismo. Surgiu dos ensinamentos de Ário († 336 d.C.), natural da Líbia e presbítero (313 d.C.) da igreja de Alexandria. Como sacerdote, Ário explicava as Escrituras de tal forma que negava a divindade de Cristo. Ensinava que, antes da existência do tempo, o Filho foi a primeira criação de Deus. "O Filho tem um princípio, mas Deus não tem princípio", escreveu em uma carta a Eusébio de Nicomédia (c. 319 d.C.). Depois de criar o Filho, Deus criou todas as outras coisas mediante o Filho, que está acima de todas elas e é o Salvador. Como Paulo de Samósata, Ário acreditava estar protegendo a unidade monoteísta. Embora condenado no Concílio de Niceia, o arianismo continuaria a atormentar a igreja (especialmente no Oriente) por décadas subsequentes. No segundo volume desta série, veremos como os pais da igreja confrontaram o arianismo e resolveram questões levantadas por Ário.

GREGÓRIO DE NEOCESAREIA

Um pai da igreja extremamente intrigante foi Gregório de Neocesareia (c. 213–270 d.C.), também conhecido como Gregório Taumaturgo (Milagreiro). Ele recebeu esse cognome porque se acreditava que lhe fora concedido o poder de operar milagres a serviço do evangelho. Gregório foi bispo de Neocesareia de aproximadamente 213 até sua morte em 275 d.C. Nasceu de pais ricos e pagãos de Neocesareia, a principal cidade da província do Ponto. Numa obra que exalta Orígenes (*Oração e panegírico a Orígenes*), Gregório nos conta que, depois da morte de seu pai, quando ele tinha 14 anos a "Palavra sagrada" começou a visitá-lo e atraí-lo para a salvação. Em retrospectiva, Gregório pôde ver como a "santa e maravilhosa providência" o havia guiado.

Depois de completar seus estudos de retórica e direito (c. 233 d.C.) e mais cinco anos de estudo sob a orientação de Orígenes em Cesareia, onde ele se converteu e foi batizado, Gregório voltou para a cidade natal e passou a integrar um pequeno grupo de cristãos. Orígenes escreveu uma carta insistindo para que Gregório se dedicasse a Cristo como presbítero (sacerdote). Enquanto Gregório estava fora da cidade para orar e refletir, Fedimo, bispo de Amaseia, o consagrou bispo de Neocesareia (c. 240 d.C.). Aceitando o cargo com certa relutância, Gregório iniciou um notável mandato tão sábio quanto amoroso de servo episcopal e tornou-se um competente missionário. Ele também conduziu sua congregação através da perseguição de Décio (250 d.C.) e durante uma invasão dos godos no norte (c. 260 d.C.).

Além de *Oração e panegírico a Orígenes*, as obras existentes e reconhecidas de Gregório são *Declaração de fé* (na qual ele afirma que a "Trindade *permanece* sempre"), *Metáfrase* (tradução palavra por palavra) *de Eclesiastes* e a *Epístola canônica* (instruções sobre a disciplina cristã e o arrependimento em tempos perigosos).

(Durante o reinado de Galieno [259–267 d.C.] os godos devastaram muitas cidades da província da Ásia. Diante da desordem na igreja resultante dessa invasão, Gregório enviou sua *Epístola canônica* com o intuito de tratar dos cristãos que exploravam os terríveis acontecimentos para apoderar-se da propriedade de outros cristãos fugitivos ou capturados. Sua epístola é uma advertência permanente contra a ganância.)

A cobiça é um grande mal. Muitas passagens bíblicas condenam o furto e a mente ávida. Também condenam a disposição de interferir no que pertence a outrem para satisfazer o próprio sórdido amor pelo lucro. Alguns cristãos têm se mostrado tão atrevidos a ponto de usar a destruição causada pelos godos como oportunidade para o próprio enriquecimento. Tornaram-se bárbaros saqueadores. Só gente que odeia a Deus e se entrega a uma iniquidade sem igual faz coisas desse gênero. Parece conveniente excomungar essas pessoas para que "os justos não sejam destruídos com os perversos" e a ira de Deus não caia sobre todos, especialmente sobre os que ocupam cargos na igreja. Se as Escrituras condenam o crescimento pessoal às expensas de outrem em tempos de paz, com muito mais razão isso se aplica quando alguém enfrenta adversidades!

GREGÓRIO DE NEOCESAREIA, *EPÍSTOLA CANÔNICA*, CÂNONES 2, 4, 5, 10

Ensina-me, ó Senhor, tua santa via,
E dá-me obedecer-te sempre;
Que em ti minh'alma se concentre
Em servir e deleitar-se a cada dia.
WILLIAM TIDD MATSON (1833–1899), HINÁRIO

PARA REFLETIR: Gn 18.23,25; Êx 23.4; Dt 22.1-3, Jr 6.13-15; Rm 1.28-32; 1Co 13.4-7; Ef 5.3-5; Fp 2.5-15; Tg 4.1-10; 2Pe 2.14-16; 1Jo 2.15-17

METÓDIO DE OLIMPO

Infelizmente, pouco sabemos sobre Metódio († 311 d.C.). Eusébio de Cesareia omitiu qualquer discussão sobre ele em sua *História eclesiástica*. Isso provavelmente se deve ao fato de Eusébio reverenciar Orígenes, ao passo que Metódio se opunha energicamente a alguns dos ensinamentos origenistas. Jerônimo (c. 340–420 d.C.), que fornece muitas das informações que temos sobre Metódio, afirma que ele foi bispo de Olimpo, uma cidade da Síria, e martirizado por volta de 311 durante a perseguição instigada pelo imperador Diocleciano (r. 284–305 d.C.), a última e a mais intensa das perseguições gerais. A perseguição foi mais dura nas províncias orientais. Dois anos após o martírio de Metódio, os imperadores Constantino (do Ocidente) e Licínio Augusto (do Oriente) promulgaram o Edito de Milão, que concedeu liberdade religiosa aos cristãos em todo o Império e devolveram à igreja as propriedades que haviam sido confiscadas.

Metódio era doutrinariamente sólido e escrevia de modo elegante e esmerado. Platão foi seu modelo, e Metódio costumava usar o diálogo para defender seus pontos de vista. Embora fosse ferrenho opositor da teologia de Orígenes, foi, mesmo assim, influenciado por ela. Metódio se opunha a Orígenes nas questões da preexistência da alma e da eternidade do mundo, no uso que Orígenes fazia da alegoria para interpretação da Bíblia e nos ensinamentos sobre a escatologia (fim dos tempos). A maneira adotada por Orígenes para descrever a subordinação do Filho ao Pai, à qual Metódio se opunha, seria corrigida no Concílio de Niceia (325 d.C.).

Reza a lenda grega que, quando Ulisses quis ouvir a canção das sereias, ele zarpou para a Sicília amarrado, por causa da música arrebatadora. Lacrou os ouvidos dos marinheiros com cera para impedi-los de ouvir. A morte era a consequência sofrida por quem fosse seduzido para os baixios pela música das sereias. Ora, nenhuma canção como a cantada pelas sereias está ao alcance dos meus ouvidos. E não alimento desejo nenhum de ouvir a canção delas. Mas oro pedindo para desfrutar o prazer da voz divina, que, embora seja frequentemente ouvida, eu quero ouvir de novo. Não que eu seja subjugado pelo encanto de uma voz voluptuosa, mas estou aprendendo mistérios divinos e espero que o resultado não seja a morte, e sim a salvação eterna. Os cantores dessa música não são as sereias fatais dos gregos; são um coro divino de profetas com quem não há necessidade de tapar os ouvidos dos companheiros. E não é preciso que ninguém se amarre com correntes por medo do castigo por ouvir. No primeiro caso, quem ouve a música morre. Mas, quanto mais alguém ouve o coro dos profetas, tanto mais desfruta uma vida melhor, pois essa pessoa está sendo conduzida para a frente pelo Espírito Santo.

Metódio, Sobre o livre-arbítrio, diálogo entre
Ortodoxo e Valenciano

Santifica-nos também, Senhor, alma, corpo e espírito, e atinge-nos a mente, examina-nos a consciência e afasta de nós todo impulso da carne e do espírito que não condiz com tua santa vontade. E considera-nos dignos, ó amado Senhor, com audácia, sem reprovação, de coração puro, com espírito contrito, rosto franco e lábios santificados, de ousar recorrer a ti, o Deus Santo, o Pai do céu. Amém.

A divina liturgia do santo apóstolo Tiago (c. 150-200 d.C.)

PARA REFLETIR: Mt 13.44-46; Lc 19.1-10; 24.13-34; Gl 5.22-26; Tt 2.11-14

Venham todos, então, e ouçam sem medo a divina canção. Não há entre nós as sereias do litoral da Sicília, nem as amarras de Ulisses, nem cera derretida derramada em nossos ouvidos; mas há a libertação de todas as cadeias e a liberdade de escutar concedida a todos os que desejam ouvir a canção divina. É bom ouvir uma canção como essa. Ouvir esses cantores me parece ser algo a buscar na oração. Se alguém deseja ouvir o coro dos apóstolos, encontrará na canção deles a mesma harmonia que se percebe nos profetas. Pois os profetas cantaram antes no plano divino, mas os apóstolos cantam uma interpretação do que os profetas anunciaram. Ah, que harmonia afinada, composta pelo Espírito Divino! Ah, que beleza têm os cantores dos mistérios de Deus! Ah, quem dera eu também pudesse unir-me a essas canções em minhas preces! Cantemos nós também essa canção e entoemos um hino ao Santo Pai, glorificando Jesus no Espírito.

METÓDIO, SOBRE O LIVRE-ARBÍTRIO, DIÁLOGO ENTRE
ORTODOXO E VALENCIANO

Num forte canto unamos nossa voz
À luz dos astros celestiais;
O amor divino reina sobre nós,
Unindo a todos sempre mais;
Cantando, sempre em marcha, progredindo,
A nossa luta já vencida
Nos leva para o sol num hino lindo;
Foi um triunfo a nossa vida.

HENRY VAN DYKE (1852–1933), HINÁRIO

PARA REFLETIR: Is 55.1-3; 61.1-3; 63.7-9; Jo 1.18; Rm 5.1-21; Ef 5.1-2; Cl 1.1-14

Não desprezem um hino espiritual, nem se predisponham contra escutá-lo. A morte, que era fatal para os marinheiros gregos, não faz parte do coro dos apóstolos. A canção deles é a história da salvação. Desde já tenho a impressão de saborear os maiores prazeres enquanto vou discorrendo sobre temas como estes, especialmente quando estão à minha espera prados em flor, isto é, a assembleia dos que se reúnem cantando e ouvindo os mistérios divinos. Que nobre plateia, que venerável companhia e que alimento espiritual! Ah, que eu sempre possa ter direito a participar desses prazeres; que esta seja a minha oração!

> Metódio, *Sobre o livre-arbítrio*, diálogo entre
>
> Ortodoxo e Valenciano

> *Louvai, ó céus, o Grande Senhor,*
> *Louvai-o, anjos nas alturas;*
> *Rejubilai-vos, sol e lua, em esplendor,*
> *Louvai-o, estrelas puras;*
> *Louvai o Senhor por suas palavras;*
> *Mundos, à sua voz obedeceis:*
> *Leis que nunca devem ser violadas,*
> *Para guiar-nos Deus as fez.*
>
> Anônimo (c. 1801), Hinário

PARA REFLETIR: Lc 1.47; Jo 15.9,11-17; 16.20-22; At 11.18; 16.25; Rm 5.2; Fp 3.1; 1.Ts 5.16; 1Pe 1.8-9

(Dos pais da igreja que escreveram antes do Concílio de Niceia, Metódio é o que oferece a discussão mais ampla da origem do mal. Sua explicação num diálogo com Valenciano é abrangente e complexa, mas a conclusão é simples e útil. Ela será apresentada aqui em três partes.)

Deus não criou coisa alguma que, por natureza, seja má. O mal não existia como realidade independente e em conflito com ele. Somente pelo abuso e mau uso das coisas boas criadas por Deus o mal passou a existir. Deus criou os seres humanos, dando-lhes o dom do livre-arbítrio, inclusive o poder de obedecer ou desobedecer ao Criador. Esse é o significado do dom divino da liberdade. Depois de criar os seres humanos, Deus lhes deu seu mandamento. O mal surgiu porque os humanos escolheram desobedecer à vontade de Deus e fazer mau uso de sua dádiva. Essa é a única fonte do mal no mundo. Os seres humanos foram dotados com o poder da liberdade a fim de que pudessem livremente obedecer ao Criador. Pela desobediência eles se tornaram escravos, não porque foram sobrepujados por tendências irresistíveis em sua natureza criada ou porque a capacidade com a qual foram dotados era inadequada para a escolha do melhor.

Metódio, *Sobre o livre-arbítrio*, diálogo entre Ortodoxo e Valenciano

---

Louvai o Senhor, pois ele é glorioso;
A sua promessa nunca é em vão.
Deus com seus santos é vitorioso;
Pecado e morte nunca o serão.
Louvai o Deus de nossa salvação;
Proclamai, anjos, seu poder.
Os céus e a terra e toda a sua criação
Devem seu nome engrandecer.

Anônimo (c. 1801), Hinário

PARA REFLETIR: Gn 3.1-7; Sl 37.1; Pv 11.1-9; Jr 13.33; Rm 14.12

Deus dotou os seres humanos com liberdade para que eles pudessem obter um bem maior além da dádiva inicial da liberdade. Se os humanos tivessem sido criados como simples espécimes do mundo natural, teriam servido a Deus de forma similar. Teriam sido meros instrumentos do Criador e não teriam tido a capacidade de obter um bem condizente com a escolha deliberada. E teria sido desarrazoado que fossem culpados pela prática do erro, uma vez que não teriam tido a opção de escolher livremente coisas melhores. Mas Deus, querendo honrar os humanos e dar-lhes o entendimento de coisas melhores, concedeu-lhes o poder da liberdade. Ele recomenda o uso dessa dádiva para a conquista de coisas melhores. Mas Deus não faz isso privando os humanos do livre-arbítrio. Pelo contrário, ele os exorta a usar o poder de escolha para obter coisas melhores.

METÓDIO, *SOBRE O LIVRE-ARBÍTRIO*, DIÁLOGO ENTRE ORTODOXO E VALENCIANO

Santo és tu, Rei da eternidade e Senhor e Doador de toda santidade; santo também é teu Filho unigênito, nosso Senhor Jesus Cristo, por meio de quem fizeste todas as coisas; santo também é teu Espírito Santo, que examina todas as coisas, até as tuas coisas mais profundas, ó Deus. Do pó tu fizeste o homem à tua imagem e semelhança e lhe deste a alegria do paraíso, e quando ele transgrediu teu mandamento e decaiu tu não o ignoraste ou abandonaste, ó Única Bondade, mas o castigaste como um pai misericordioso, chamaste-o por meio da lei, instruíste-o pelos profetas e depois enviaste ao mundo teu próprio Filho unigênito, nosso Senhor Jesus Cristo, para que em sua vinda ele renovasse e restaurasse tua imagem. Ao Deus sumamente misericordioso e bondoso sejam dados louvor e ação de graças, agora, sempre e por toda a eternidade. Amém.

A DIVINA LITURGIA DO SANTO APÓSTOLO TIAGO (C. 150-200 D.C.)

PARA REFLETIR: Js 24.14-18; Mt 11.28; 23.27; Jo 1.12; 3.16; At 9.20-23; 26.19-32; Hb 3.12—4.2; 2Pe 3.9

Quando Deus criou os seres humanos, ele não os criou com tacanhez. Não precisou se arrepender por ter cometido um erro grave, como um mau artesão. Tampouco quis ele criar anjos e, por um equívoco, acabou criando humanos. Isso teria sido um sinal de fraqueza. Pois por que teria Deus criado seres humanos se sua intenção fosse criar anjos? Ele foi um incapaz? Seria blasfemo supor isso. Ou, talvez, ao criar seres humanos ele por preguiça fez alguma outra coisa inferior, quando podia com a mesma facilidade fazer algo superior. Isso também é absurdo. Pois Deus nunca falha na criação do bem; tampouco tarda em fazê-lo.

Deus tem o poder de agir quando e como lhe agrada. A razão pela qual Deus criou a humanidade é que ela é exatamente o que ele pretendeu criar. Mas se isso é o que Deus pretendeu, e se o que Deus faz é bom, então a humanidade era boa quando ele a criou. Ora, Deus criou a humanidade como corpo e alma. Quando na ressurreição do corpo os cristãos se levantarem e abandonarem a mortalidade da carne, então o corpo se libertará da corrupção e já não estará sujeito à vaidade, mas somente à retidão.

Metódio, Sobre a ressurreição, parte i, § 8, 11

Deus Todo-poderoso, que à tua imagem nos criaste, concede-nos a graça de lutar com destemor contra o mal e não dar tréguas à opressão; e, para usarmos nossa liberdade de modo reverente, ajuda-nos a empregá-la na manutenção da justiça em nossas comunidades e entre as nações, para a glória do teu santo nome; por meio de Jesus Cristo, nosso Senhor, que vive e reina contigo e com o Espírito Santo, um só Deus, agora e para sempre. Amém.

"Pela justiça social", Coletas: contemporâneas, LOC

PARA REFLETIR: Gn 1.26-28, Sl 33.1 22; Is 42.5-11; At 17.22-31; 1Co 6.14-15; 15.45-57; 2Co 4.11-18

O Filho de Deus não faz coisa alguma sem necessidade. Ele não assumiu a forma de servo humano sem motivo, mas para levantá-lo e salvá-lo, pois ele verdadeiramente foi feito homem e morreu — não só em aparência, mas em verdade — para poder ser o primeiro unigênito ressuscitado dentre os mortos. Agora ele pode transformar o que é terreno em celestial, a mortalidade em imortalidade. Se o reino de Deus pudesse ser sobrepujado pelo que é corruptível, então o corruptível poderia assumir o controle da incorruptibilidade. Se o reino de Deus, que é a vida eterna, pudesse ser controlado pelo corpo corruptível, aconteceria que a vida seria consumida pela corrupção. Mas agora o reino de Deus se encarrega do que está perecendo de modo que "a morte seja engolida na vitória" e o que é corruptível seja visto como a possessão da incorruptibilidade e imortalidade. A morte é agora serva da imortalidade; o corpo é possessão da incorruptibilidade, e nenhuma incorruptibilidade é possessão da corrupção.

Metódio, Sobre a ressurreição, parte 1, § 8, 13

Deus salve a ti, do Senhor o Ungido,

Do grande Davi o maior filho!

Salve que no tempo preestabelecido

Do reino a terra já vê o brilho!

Ele vem para vencer a opressão,

Pôr o preso em liberdade,

Eliminar toda transgressão,

Reinar com justa equidade.

James Montgomery (1771–1854), Hinário

PARA REFLETIR: Rm 3.19-25; 5.1-21; **1Co 15.3-58**; Ap 7.9-17; 12.10-17

APÊNDICE

LISTA DE PAIS ANTENICENOS

Os pais apostólicos

Clemente de Antioquia (c. 30–100 d.C.)

A *Doutrina dos doze apóstolos* (*Didaquê*) (c. 30–100 d.C.)

Inácio de Antioquia (chamado *Theophorus* [Portador de Deus]) (c. 50–98-117 d.C.)

Policarpo de Esmirna (c. 69–c. 156 d.C.)

Papias de Hierápolis (fl. 1º quarto do séc. 2 d.C.)

A *Epístola de Barnabé* (assim chamada) (c. 135 d.C.)

O *Pastor de Hermas* (c. 100–160 d.C.)

A *Epístola a Diogneto* (*Mathetes*) (c. 130 d.C.)

Os apologistas

Quadrado de Atenas († c. 129 d.C.)

Aristides de Atenas (c. 140 d.C.)

Aristo de Pella (c. 140 d.C.)

Miltíades (fl. 160–193 d.C.)

Cláudio Apolinário, bispo de Hierápolis, na Frígia (fl. c. 160–180 d.C.)

Melito, bispo de Sardes (fl. c. 160–180 d.C.)

Justino Mártir (c. 100–c. 65 d.C.)

Taciano (c. 120–180 d.C.)

Atenágoras, o Filósofo (c. 133–90 d.C.)

Teófilo de Antioquia († c. 183–185 d.C.)

Pais do segundo e terceiro séculos

Irineu († c. 202 d.C.)

Clemente de Alexandria († c. 215 d.C.)

Hipólito de Roma (c. 170–225 d.C.)

Tertuliano (c. 160–c. 225 d.C.)

Minúcio Félix (fim do 2º e início do 3º séc. d.C.)

Comodiano (Commodianus) (fl. c. 250 d.C.)

Orígenes (c. 185–254 d.C.)

Cipriano de Cartago (c. 210–258 d.C.)

Caio (início do 3º séc. d.C.)

Novaciano (c. 200–c. 258 d.C.)

Gregório de Neocesareia (Gregório Taumaturgo) (c. 213–c. 270 d.C.)

Dionísio de Alexandria (Dionísio, o Grande) (c. 190–265 d.C.)

Júlio Africano (c. 160–c. 240 d.C.)

Anatólio de Laodiceia (Anatólio de Alexandria) († c. 282 d.C.)

Metódio († c. 311 d.C.)

Arnóbio († c. 330 d.C.)

Os pais da igreja do quarto século antes de Niceia

Lactâncio (c. 240–c. 320 d.C.)

Vitorino, bispo de Petuj, na Eslovênia († c. 304 d.C.)

Pânfilo, bispo de Cesareia (martirizado em 309 d.C.)

FONTES BIBLIOGRÁFICAS

As leituras, orações e hinos usados neste livro foram adaptados das fontes abaixo. Os títulos entre colchetes indicam o nome pelo qual as obras, em geral, são conhecidas em língua portuguesa e mencionadas ao longo deste volume.

Ante-Nicene Fathers. 10 vols. Reimpr. ed. 1885, Christian Classics Ethereal Library (CCEL). <http://www.ccel.org/fathers.html>.

Apostolic Fathers. Trad. de J. B. Lightfoot. Edit. por J. R. Harmer, 1891. Reimpr. ed. da Baker Book House, 1956, CCEL. <http://www.ccel.org/ccel/lightfoot/fathers.titlepage.html>.

Book of Common Prayer [Livro de Oração Comum, LOC]. Nova York: Church Hymnal Corporation, 1979. <http://justus.anglican.org/resources/bcp/formatted_1979.htm>.

Book of Common Prayer for Scotland [Livro de Oração Comum da Escócia, LOC da Escócia]. 1637. <http://justus.anglican.org/resources/bcp/Scotland/BCP_1637.htm>.

A Collection of Hymns for the Use of the People Called Methodist [Coletânea de hinos para uso das pessoas denominadas metodistas]. 1889. <http://www.ccel.org/ccel/wesley/hymn>.

Hymnary.org [Hinário]. <http://www.hymnary.org/texts?qu=+in:texts>.

Scottish Book of Common Prayer [Livro de Oração Comum escocês, LOC escocês]. 1929. <http://justus.anglican.org/resources/bcp/Scotland/Scotland.htm>.

Sing to the Lord [STTL]. Kansas City: Lillenas Publishing Company, 1993.

Esta obra foi composta com tipografia Janson Text e Mr Eaves